那些不可思议的历史瞬间

[英] 蒂姆·库克 著

周晓英 译

如何用
HOW TO CHANGE
结绳
THE WORLD
管理
WITH A BALL
一个帝国
OF STRING

北京日报出版社

公元前700年

1829年

图书在版编目（CIP）数据

如何用结绳管理一个帝国 / (英) 蒂姆·库克著；
周晓英译. –– 北京：北京日报出版社, 2024.8
ISBN 978-7-5477-4696-7

Ⅰ.①如… Ⅱ.①蒂…②周… Ⅲ.①世界史—通俗
读物 Ⅳ.①K109

中国国家版本馆CIP数据核字(2023)第184457号

北京版权保护中心外国图书合同登记号：01–2023–5012
审图号：GS（2023）4119号

Book concept © The Brown Reference Group Ltd
Text by Tim Cooke © Scholastic, 2011
Cover Illustration © Clive Goddard, 2011

1347年

1969年

如何用结绳管理一个帝国

出版发行：北京日报出版社
地　　址：北京市东城区东单三条8–16号东方广场东配楼四层
邮　　编：100005
电　　话：发行部：（010）65255876
　　　　　总编室：（010）65252135
印　　刷：天津创先河普业印刷有限公司
经　　销：各地新华书店
版　　次：2024年8月第1版
　　　　　2024年8月第1次印刷
开　　本：940毫米×1180毫米 1/16
印　　张：6.5
字　　数：90千字
定　　价：88.00元

1918年

目 录

序 言

这是一本关于过去的书，从文明之初到当今世界。这是一段很长的时光，而且会越来越长。我们把它转换成"历史"，试着来了解它吧。

很多人把历史等同于过去——其实并不是一回事。过去是发生在不同时间、不同人身上的所有事情的大杂烩，而历史则是将过去发生的事情整理成有头有尾的故事，即便当时的人们并不知道他们会成为其中的一部分。历史要分辨哪些事情是重要的，哪些不是。它通常会记录那些以某种方式改变世界的人——而不是那些只是坐在家里无所事事或者玩电脑游戏打发时间的人。

举个例子，你早餐吃了烤面包是过去发生的事情——但是它算不上历史。

好历史和坏历史

历史让过去看起来比真实发生的更合情理。它记载了世界是怎么从一团混沌（古时候）开始的，又是怎么发展到如今的模样，其中民主、言论自由、书籍、旅行、医药、电影、网络等等的一切推动了人类的进步，让我们的世界变得越来越美好。

在历史故事中，好似每个人都知道自己在做些什么。其实，并不是这

书籍，当然包括与历史相关的书籍，本身也是历史的一部分，例如《圣经》或者《可兰经》。阅读74-75页，你可以找到一个著名的实例。

如何用结绳管理一个帝国

警告 太吸引人了！

994

1776年

样的。有些事情是因为意外发生的，或者变成了与预期完全相反的样子。正如本书中的很多故事那样……有时候，历史也不是很合理。

本书分5大章节。它们基本上是按时间顺序划分的，偶尔也会有交叠（因为很难准确划分历史时期的起点和终点）。你可以从任意章节开始阅读。

公元纪年，是以耶稣基督的"生年"为起点，按序数依次延伸的纪年方式。公元纪年源于16世纪的罗马，现被世界多数国家采用，也包括我们国家。

1521年

1829年

历史包罗万象：科技、战争、艺术、宗教、探险、更多战争、经济、政治、思想、动物进化和革命（对了，别忘记依然还有战争！）。

你可能知道，历史也有许多可怕的片段。这本书也收录了不少（不过还是做好心理准备……你不会相信古埃及人是怎么对待宠物的，详见10—11页）。

金字塔
（模型）

公元前2100年

木乃伊！

公元前900年

公元前532年

我把钥匙放哪儿了？

警告
沉思中！

6

古代

在年代久远的过去，事情总是有点，嗯……模糊和遥远。这个章节或许可以帮助我们更清楚地了解古埃及、古希腊和古罗马。关于当时的人是怎样生活的，他们留下的线索比你想象的更多。

公元前480年

我能预知未来，你知道吗？

根植于泥土的文明

中东地区的第一个伟大的文明有许多了不起的成就，包括文字的发明。但是它其实……根植于泥土。

苏美尔是人类最早的文明之一，它发源于美索不达米亚地区，在希腊语中意思就是"两河之间的土地"，两河指底格里斯河和幼发拉底河。

苏美尔文明的另一项伟大成就是农业。两河之间的平原，因时常泛滥的河水而沉积成肥沃的土地，非常适合农作物生长。

约公元前 5000 年，苏美尔人第一次在这里定居下来并种植庄稼。他们种植了许多农作物来获得更多食物，最主要的谷物是小麦和大麦，人们将它们磨成粉并做成面包。

那时候的面包里有许多沙子，吃起来直硌牙。

泥土——辉煌的泥土

河泥也有其他的用途。早期的人类住在洞穴里，或是住在用芦苇秆或木材搭建的简易小屋里。已定居下来的人们不仅能建造长期居住的房屋，还能建造整个城市。

主角们

- 泥土
- 阳光
- 建筑师
- 小镇规划师

历史小知识

公元前 3500 年：
苏美尔人发明了轮子

公元前 3200 年：
苏美尔人已能铸造青铜器

公元前 3000 年：
苏美尔人开始建立城邦

公元前 3000 年：
苏美尔人了创造了太阳历

公元前 3000 年：
苏美尔人建造了第一座金字塔

苏美尔文明成就

苏美尔是最古老的文明之一——其实，它相当先进。下面是苏美尔人的部分发明：

- 文字
- 历法
- 算术
- 陶器
- 纺织
- 轮子
- 砖

8

扒拉赤，扒拉赤！

试一试

建造一座金字塔

你需要准备什么
- 水
- 泥土
- 木制的模具

1. 用木块制作一块砖大小的方形模具。
2. 将模具放在平整的地方，然后填满泥浆。
3. 将模具放在阳光充足的地方（你也可以在填泥浆前完成这一步，以免泥浆淌得到处都是）。
4. 等待晒干。几天之后，就可以脱去模具取出砖块了。
5. 重复无数次（一座中等大小的金字塔所需的泥砖就制作完成了）。
6. 用砖搭建 7 层，每一层比下面一层更小一圈（你也可以建一个迷你版的金字塔——这样就不用那么多砖，成品也不会占用太多空间）。

苏美尔人的建筑用的是泥砖——将芦苇混合在泥浆中，然后晒干硬化。他们用无数的砖块建造起了乌尔（Ur）和尼普尔（Nippur）这样的城市。苏美尔因此被视作当时最强大的存在。苏美尔人还建造了阶梯式金字塔，他们称之为"塔庙"。他们还会用砖块修建城墙以保护自己的城市：那时经常会有战争。

塔庙可能给《圣经》里通天塔的故事带来了灵感。

尘归尘，土归土

苏美尔文明繁荣了大约 3000 年——直到被古巴比伦文明取代。在美索不达米亚平原上曾出现过许多伟大的城市。然而后来因为河流改道和气候干旱的原因，这些城市慢慢地废弃了，那些砖块也随着时间的流逝，变成了尘土。

9

把猫做成木乃伊
以此来纪念它

你知道古埃及人会把猫也制作成木乃伊吗？而且它们在往生的世界里不用捉老鼠。

研究发现，家猫起源于古埃及，并从这里传播到全世界。猫在埃及文化中也占据独特的位置，比如月亮女神巴斯特通常以猫的形象出现。为了祭奠月亮女神，古埃及人还将猫做成木乃伊。注意，有些猫被培育出来就是用于献祭的。为了迎接庆典，巴斯特神庙的祭司们每天要拧断数百只猫的脖子。这份工作不适合心理脆弱的人。

警告：令人毛骨悚然的部分出现了——宠物爱好者请停止阅读，立刻！马上！

危险国度

不只是猫，古埃及人信奉的神也可能是其他动物或者是动物头人身的形象。人们还会为神灵准备祭品。因此古埃及对于以下动物来说非常危险：老鹰、羚羊、豺、鳄鱼和河马。甚至蜥蜴和甲虫也会被做成木乃伊。

也许我应该离开这个国家……

主角们

- 死去的动物 x 成千上万只
- 顶着动物头的神明

历史小知识

公元前 2600 年：最早的木乃伊制成了
公元前 664 年：逐渐形成了把死去的猫制成木乃伊的风俗
公元前 332 年：为了献祭专门饲养某些动物
公元前 30 年：用动物制作木乃伊的习俗渐渐消失了

被做成木乃伊的猫

什么样的猫会被制作成木乃伊？

• 宠物猫
• 专门养来献祭的猫

哦！不要！

木乃伊！！！

19 世纪末，考古学家在古埃及的寺庙中发掘出超过 30 万具猫木乃伊。古埃及人对贝斯特女神（猫女神）的崇拜达到了顶峰，而猫也随之登上了神坛，享受着最高级别的崇拜。可是，猫在古埃及也常常被用来献祭。

宠物猫： 它们随着主人一起下葬，古埃及人相信，如果能够和心爱的宠物猫一起去往彼岸世界，那死亡也不会是一件很可怕的事情。

专门养来献祭的猫： 它们被好吃好喝地伺候着，住最宽敞的房子，睡最豪华的猫窝，吃最上等的美味，然后在一个良辰吉日，被制作成了猫木乃伊。

嗯……器官

制作动物木乃伊和制作人的木乃伊是一样的。首先，将所有的内脏移除（通常是从动物的屁股）。然后使用一种叫作泡碱的化学物质来让尸体变干。最后再用绑带裹起来——不过不会像法老们的木乃伊一样用亚麻细布。

警告
不要打开！

宠物的命运

一些宠物也会被做成木乃伊。比如猴子和狗会作为随葬品陪在主人身边。古埃及人认为死后的世界和生前的世界一样，他们希望带着宠物一起去往生世界。诚然，那些因为主人去世就被杀死的宠物有点太不幸了——当然也有些是自然死亡后被做成木乃伊的。

豆子与哲学

毕达哥拉斯是古希腊最伟大的哲学家和数学家之一——他还有一套关于豆子的奇葩理论。

具体来说,毕达哥拉斯的禁忌是豆类,他告诫弟子们不要吃豆子,没人知道为什么。2500多年过去了,他的许多学说都遗失了或者完全被改变了。他相信灵魂,可能也禁止信徒们吃肉,因为动物也拥有灵魂。有人猜测他或许认为豆子也有灵魂,或者他可能只是担心吃豆子会引起胀气。

部分历史学家认为勾股定理并不是毕达哥拉斯发现的,而是他的弟子们发现的。

智慧之神

在哲学之外,毕达哥拉斯也表现出非凡的智慧,尤其是在数学及音乐方面,他的发现至今仍令人钦佩。人们以他的名字命名了"勾股定理"。

我把钥匙放哪儿了?

名人录

毕达哥拉斯

（约公元前 580 年—约公元前 500 年）

关于毕达哥拉斯我们所知甚少（尽管我们确信他并不是弟子们所说的神）。他出生于希腊的萨摩斯岛,但他的学说在希腊不太受欢迎,在大约公元前 532 年,他来到了意大利南部,在这里建立了一个学院并开始讲学。

主角们

- 智慧的古希腊人
- 豆子
- 直角三角形

众人崇拜的偶像

在毕达哥拉斯生活的时代，他主要是作为哲学家出名的，他提出了许多关于神灵和信仰的主张。他在希腊的克罗顿（位于现在的意大利南部）创立了一个学派，有传言说他就是神。人们说他在同一时间出现在不同地方，还有人说他的大腿是金子做的。

毕达哥拉斯认为，现实建立在秩序上。深入一点说，他认为一切都可以用数字来解释。另外，一切事物之间的关系都是建立在和谐与平衡上的，比如音乐。他还认为人死后，灵魂（或许还有豆子的）会凝聚成神圣的存在。这成为后来基督教的一个重要理论基础。

后来的追随者！

毕达哥拉斯开启了希腊哲学的黄金时代，他影响了后世的很多哲学家，比如柏拉图和亚里士多德。幸运的是，通过后辈们的传承，今天人们仍然能读到这些希腊哲学家们的著作。

**警告
沉思中！**

毕达哥拉斯定理（勾股定理）

这条著名的定理指直角三角形的最长的边（弦）的平方，等于另外两条直角边的平方和。它通常用来计算长度和面积。

A

C

B

斜边（弦）

直角

三角形

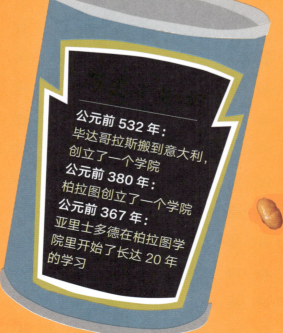

公元前 532 年：
毕达哥拉斯搬到意大利，创立了一个学院
公元前 380 年：
柏拉图创立了一个学院
公元前 367 年：
亚里士多德在柏拉图学院里开始了长达 20 年的学习

沙子与金币

在希腊神话中，弗里吉亚国王米达斯会点金术。这个神话确有几分真实——他生活的地区是世界上最早铸造钱币的地方之一。

在古代，人们以物易物，比如农民用谷物跟渔夫换鱼。但是当社会发展到一定程度，就需要一种不同的交易方式，于是货币产生了。

最早的金币大约出现在公元前 560 年到 546 年。安纳托利亚地区的吕底亚王国（现在的土耳其境内）应该是最早开始铸造金币的国家，吕底亚国王克洛伊索斯（Croesus）曾被认为是世界上最富有的人。甚至今天还有一句关于有钱人的俗语：像克洛伊索斯一样富有。

那时候金子因极其稀有而非常贵重。它的颜色让人们想到太阳，所以金子被当作敬神的理想祭品。

钱！钱！钱！

淘金

试一试

你需要准备什么
- 清澈且有很多沙子的小河
- 细筛子

1. 用筛子从河床舀些沙子。
2. 将筛子放在河水中漂去浮沙。
3. 再倾斜筛子，让重一点的沙粒沉到下面，漂去轻沙。
4. 在筛子里剩下的沙砾中寻找亮闪闪的小东西——那就是金子！
5. 别把金子掉到沙土里，不然你要重新开始了。

历史趣闻

装不进口袋的钱

太平洋上的雅普岛有自己的货币——但是那样的钱你应该不会想要！他们的钱是石头做的，每块石头的中心都钻有一个洞。那些石头里个头大的有两个人那么高，即便是中等大小的也重得没法搬动。岛上的居民只在特别的场合使用石币。实际上，他们已经不再搬动这些石头了……他们只是记住谁拥有哪块石头。

最早的金币

克洛伊索斯早期的金币是用琥珀金铸造而成的，琥珀金是一种天然形成的金银合金，来自流经吕底亚的帕克托罗斯河。这些金币和今天的硬币不太一样：它们非常小，也不是很圆。因为它们是用锤子敲出来的，只能勉强算是圆形。上面印有狮子和公牛的图案，这表示它们是国家通行的货币。

后来克洛伊索斯开始铸造两种不同的硬币：银币和金币。

金手指

著名的神话故事"黄金河"，其实是跟传说中的米达斯国王有关。他曾许愿自己碰到的所有东西都会变成金子，但是他很快就意识到这种超能力是一个灾难——所以他在帕克托罗斯河中洗去了这个点石成金的能力。从此以后，这条河的沙子里都变成了金子。

甚至他的女儿被他拥抱后也变成了一座金雕像。

主角们

● 米达斯
● 克洛伊索斯
● 黄金河
● 琥珀金

历史小知识

公元前 700 年：
铸造的银币在希腊的阿尔戈斯出现
公元前 560 年：
克洛伊索斯成为吕底亚国王
公元前 550 年：
克洛伊索斯铸造了第一枚金币

警告
可能是假的！

15

来自地缝的神谕

做阿波罗神庙的女祭司是份轻松的工作：一个月只需要工作一天。你只需要传递神谕……并可以去一个山洞里玩。

主角们

* 阿波罗（这里指太阳神，不是那个火箭）
* 女祭司
* 气体

希腊人认为诸神和人一样：有家庭，可以开派对……而且也会吵架。所有人都不想惹怒阴晴不定的神，所以在做事情之前（当然是非常重要的事情），他们想知道神希望他们做什么。

获取神谕的方法有很多。你可以，嗯，找来一只动物的内脏，辨识肝脏上的纹理（不是很准确，而且非常脏）。因而大多数希腊人去询问传递神谕的祭司——神通过她来传话。如果你想询问阿波罗神谕，那需要前往德尔菲神庙，它坐落在希腊中部的群山之中。

阿波罗是太阳神，掌管光明、医药、预言、音乐、诗歌、艺术……还有好多好多，呼！

历史小知识

公元前 650 年：
阿波罗神庙建成

公元前 547 年：
克洛伊索斯询问了神谕

公元前 480 年：
雅典人和斯巴达人
询问了神谕

公元 393 年：
最后的神谕

哟，好臭啊！

16

巨蟒与神谕

德尔菲神庙吸引了全希腊的人。它坐落在两山相接处，峡谷中有圣泉。传说阿波罗曾经在这里杀死了巨蟒皮同，所以传递神谕的祭司又叫皮提亚（本意为"蟒"）。

女祭司坐在洞中一个特别的三脚架上。神的气息（也可能是某种气体）从架子下的裂缝进入她的身体，然后通过她的嘴说出或是发出声音。祭司们将这些声音翻译成神谕。神谕传递者只在每个月的第七天请求 神谕 ，因为"7"是阿波罗的幸运数字。

很多富人在得到神谕后，开始修建神殿，于是圣地产生了。

呃……这个……是……不是！

很难翻译

神谕的问题在于很难翻译——它们都是模棱两可的。当吕底亚国王克洛伊索斯问能不能去打波斯， 神谕 说：如果与波斯作战，他将会摧毁一个大帝国。克洛伊索斯以为她说的是波斯，于是发起了进攻……后来才发现他要毁灭的是自己的帝国。哦嚯！

神谕说雅典人要用"木墙"来保护自己——他们猜测是战船的意思。

警告 气体来袭！

历史趣闻

关于占卜

在古代，有很多时间都被用来占卜未来。神谕很常见：梦就会被用来解读将来会发生的事情。在古老的中国，占卜者灼烧龟壳然后根据出现的裂纹预言未来。在其他一些地区，用动物肝脏占卜是另一种常见方式。当然，今天也有很多人学习占星术来探知星星对人的影响——这种方法最早在 3500 年前被古巴比伦人用过。

封战马为祭司

每个人都喜欢自己的宠物，对吧？但是对大部分人来说，喜欢并不意味着要膜拜它们。除非你是罗马皇帝，并且还有点疯狂。

古罗马最疯狂的皇帝非卡利古拉莫属。这或许跟他的成长环境有关：他的父亲日耳曼尼库斯是受人爱戴的罗马将军，在他死后，卡利古拉被叔祖父提比略抚养长大。提比略杀死了卡利古拉的家人，以防止自己的统治受到任何威胁。

卡利古拉原名盖乌斯。"卡利古拉"其实是小时候跟着父亲在军营时，士兵给他取的外号，是"小军靴"的意思。

警告
小心被咬！

奇怪的神

- 猫（古埃及）
- 眼镜蛇（部分印度人）
- 爱丁堡公爵
（英国女王伊丽莎白二世的丈夫，被太平洋瓦努阿图群岛上的 Yaohnanen 部落视为神灵来崇拜）

主角们

- 残暴的皇帝
- 发疯的马
- 黄金燕麦

打造自己的 "神"

试一试

你需要准备什么

- 一只宠物
- 追随者

1. 把你的宠物打扮得看起来跟神一样（比如使用光环）。
2. 给它取一个神一样的名字，比如托尔或者朱庇特。
3. 在一个能被众人看见的地方朝拜你的宠物，一直持续到有人加入（如果没有，那就悄悄停下，换只宠物试试）。
4. 找个正确的时机，告诉大家你是在开玩笑。

疯狂、残暴又危险

刚即位的时候，卡利古拉把国家治理得很好。然而后来他变得有点疯狂了：他花了大量的金钱建造新的宫殿；他用船建了一座长达 3 千米的浮桥；他曾经仅仅因为无聊就将角斗场的很多人喂了狮子（他们本来是现场的观众！）；他发动军队北上入侵不列颠，但是当军队到达高卢海滩时，他却让士兵们在沙滩上捡贝壳；他还想让他的爱马英西塔士斯担任罗马的执政官和祭司（祭司不是神，但在古罗马人眼里非常接近了），还用掺有金片的燕麦来喂养它。卡利古拉宣布他死去的姐姐为神，也试图把自己变成神。他把自己打扮成神的样子，并把所有神明的头像都换成自己的形象。

汪汪！

被刺杀的暴君

很难说关于卡利古拉的故事是否都是真的，因为写下这些故事的人大多是他的敌人。但是他看起来确实疯狂，比其他罗马皇帝都要疯狂。他太残暴了，最终被罗马人杀死了——41 年，他被自己的禁卫刺杀。

历史小知识

37 年：卡利古拉即位当皇帝
38 年：实行一系列政治改革
39 年：建浮桥
40 年：宣称自己为神
41 年：被刺身亡

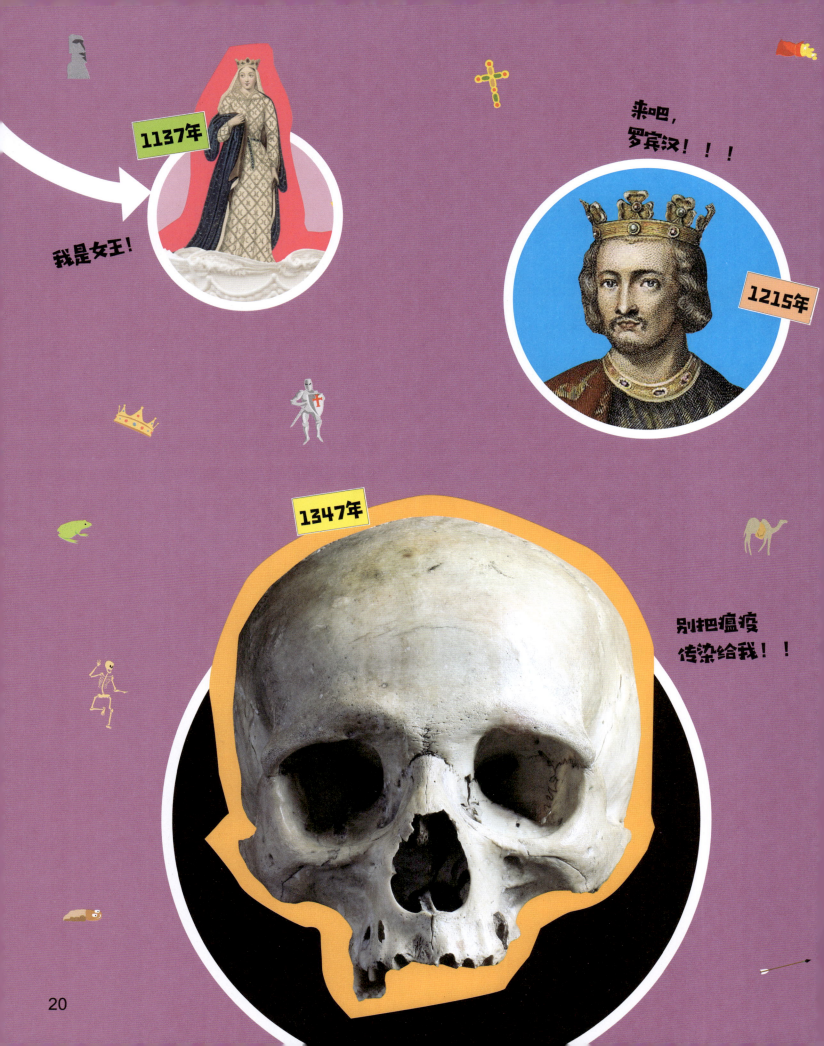

1137年

我是女王!

来吧,
罗宾汉!!!

1215年

1347年

别把瘟疫
传染给我!!

20

羊驼

1493年

中世纪

中世纪被很多人认为是"黑暗时代"。其实，它还是有很多亮点的（嗯，这里可不是夜晚看到亮光的那个意思哦）。一般认为，中世纪始于476年西罗马帝国灭亡，到1453年土耳其人攻占君士坦丁堡结束。

1492年

哗啦！

离开法国国王，那就当英国王后

阿基坦的埃莉诺（Eleanor of Aquitaine）是一个不平凡的女人。她原本是一个女公爵，结了两次婚……又先后成为法兰西和英格兰两个国家的王后。

埃莉诺似乎太过于轻浮，但是这并不妨碍她成为 12 世纪欧洲最有权势的女人。她继承并统领了一大片领地，毫不意外地嫁给了路易王子，而路易王子在 1137 年成为法兰西国王（路易七世）。

路易七世非常爱他的妻子……直到他带着王后踏上第二次十字军东征之路，很快她就让他心烦不已。因为她与自己的叔叔（普瓦捷的雷蒙）太过于亲密，于是路易七世强行让她待在耶路撒冷的军营里，这样她就不能再去雷蒙在安条克附近的军营了。返回欧洲期间，这对夫妻已经不再讲话了，就连乘船都分开了。回家后，教皇曾想办法帮他们修复关系，但最终，他们在 1152 年离婚了（那个年代离婚的人非常少）。

教会说埃莉诺简直穷奢极欲。

典雅的宫廷爱情

埃莉诺把她的宫廷变成了骑士文化的中心。宫廷爱情的传统为骑士设定了行为规则，比如，骑士应该效忠一位女士，但是要保持距离。实际上，骑士们粗鲁又暴力，但是在埃莉诺的影响下，典雅的宫廷爱情开始流行。亚瑟王和他的圆桌骑士的故事很多都是受此启发的。

主角们

- 富有的女公爵
  - 国王 I
  - 国王 II

下一个！

亨利二世是个"小鲜肉"——他比埃莉诺小12岁。

再次单身

离婚后，埃莉诺仍然拥有自己的封地，她因此成了欧洲最令人向往的新娘，甚至有两个法国贵族试图绑架她并要和她结婚。最后她选择了金雀花王室的亨利二世（诺曼底公爵）——同时他也是英格兰国王的外孙。1154年，亨利二世成为同时拥有英格兰、诺曼底和法兰西西部的阿基坦的英格兰国王。

历史小知识

1137年：
成为法兰西王后
1152年：
离婚
1154年：
成为英格兰王后
1173年：
被软禁
1189年：
为查理一世摄政监国
1204年：
去世

她的儿子们……

埃莉诺被深深地卷入了政治中……也许太深了。1173年，埃莉诺的儿子们试图从亨利二世手里抢班夺权，她因此被亨利二世怨恨，被软禁了起来，直到1189年亨利二世去世。之后埃莉诺的儿子查理一世（狮心王）成为国王，当查理一世带领十字军东征（第三次）时，她帮着管理国家。查理一世去世后，她另一个儿子约翰一世（无地王）即位。她费心地安排儿女们的婚事，维持法兰西和英格兰的友好往来——尽管那时她已年过80了……或许她也想休息一下了！

修女的盛赞

埃莉诺在一个修道院走完了她的一生。在她死后，修女们说："她美丽又公正，威严又庄重，谦逊又优雅，几乎超越了世上所有的王后。"（这没准会让你好奇她没能超过的王后们都有谁）

名人录

狮心王查理一世（1157年—1199年）

狮心王查理一世因罗宾汉的故事而著名。他是一个"好"国王，有个"坏"弟弟约翰王子，约翰曾想在他带领十字军东征的时候窃取王位。查理一世不太像一个地道的英格兰英雄——他不喜欢不列颠，常常抱怨那里的阴雨天气，在位10年间，只在那里住了6个月。他更喜欢在法兰西的阿基坦公国生活，他甚至都不会讲英语。不过，在十字军东征时，他由于表现得英勇无畏而获得了广泛赞誉。

民主初尝试

原本中世纪的英格兰国王都拥有至高无上的权力，能做自己想做的一切，直到那群英格兰人扑哧扑哧地走过泥泞的水草地……

英格兰国王约翰一世非常不得民心，贵族们于 1215 年发动了对国王的战争。如果当时推选出了王位继承人，他们可能会就此推翻约翰一世的统治。最终，贵族和国王达成了和解。1215 年 6 月 15 日，国王和反对他的贵族们在伦敦泰晤士河岸的一片水草地上（距离伦敦 32 千米的兰尼米德）会谈，最后签署了《自由大宪章》（简称《大宪章》）。

伦敦人为贵族的军队打开了大门——他们也不太喜欢约翰一世。

名人录

无地王约翰一世（1199 年—1216 年）

约翰一世是一个失败的国王。对远在欧洲大陆的领地，他无力约束；在和教皇的争执中，他甚至被逐出教门，最后不得不做出让步；他还差点被大贵族们赶下台，最后签署了著名的《大宪章》。作为一个国王，他最差劲的还是不擅长打仗——在与法国国王腓力二世的角逐中，他频频失利。据传言，在一次逃跑中，恰逢潮水上涨，他王冠上的珠宝也掉进了海边的沼泽地里。这番惊吓让他没几天就送了命。

历史小知识

1215 年：
约翰一世签署了《大宪章》

1216 年：
约翰一世去世

1225 年：
亨利三世再次承认了《大宪章》

1297 年：
爱德华一世发布修订后的《大宪章》，从此成为英国的根本大法

呱！

大宪章

《大宪章》（最初是用拉丁文写的：Magna Carta）是关于个人自由的一份重要文件，致力于保护英国国民免受掌权者的伤害。它确立了一条原则：国王只能在国民同意的范围内进行统治。

磕磕绊绊！

主角们

- 无能的国王
- 稍微好一点的国王们
- 叛乱的贵族们

**警告
穿紧身衣的男人！**

叛乱的贵族们！

贵族们准备了一份文件来限制国王的权力。还有一个由 25 名贵族组成的执行委员会——在国王不遵守《大宪章》的时候可以否决国王。约翰一世同意了，并在文件上盖上了章。但是当贵族们一离开伦敦，约翰一世就废弃了它（所有人都知道国王会这么做）。于是，贵族们和国王开始了内战……然而国王却突然去世了。

这份文件基于 1100 年亨利一世颁布的《自由宪章》。

国王就是这样做的。教皇也站在了约翰一世这一边。

《大宪章》确立

约翰一世的死挽救了《大宪章》。他的儿子亨利三世继位后，于 1225 年再次承认了《大宪章》。1297 年，《大宪章》经过修订后成为英国的根本大法，至今仍是英国法律的重要组成部分。它限制了国王的权力，保证了国民的自由受法律保护。从此，没有人可以因为国王（或者其他任何人）的个人喜好而被任意处罚。

被马镫改变的世界

13世纪，善于骑射的蒙古人建立了世界上最大的帝国，这要归功于一个超简单的发明。

1206 年，铁木真统一了蒙古高原的各个游牧部落，并被尊称为"成吉思汗"（意为拥有四海的统治者）。在随后的 20 年，这个名字让整个亚欧大陆的人都闻之色变。在成吉思汗及其子孙的带领下，蒙古军队开始了大规模的对外征战，从而建立了世界史上最辽阔的帝国。

主角们
- 马
- 弓箭手
- 成吉思汗

这个帝国版图毗连，不像英帝国都是分散的。

嗖！

我想它会正中目标！

历史小知识

1206 年：成吉思汗统一蒙古各部
1220 年：成吉思汗征服中亚强国花剌子模
1234 年：蒙古灭金，统一中国北方
1241 年：蒙古名将速不台占领匈牙利、逼近维也纳
1260 年：成吉思汗的孙子旭烈兀占领大马士革，蒙古人西征至此结束

驾！驾！

蒙古军队战无不胜，直到1260年，他们输给了一支采用同样战术的军队！

成吉思汗采用兵民合一的"千户制"来管理自己的子民。千户下设百户，百户下设十户。千户之上还有万户统领。蒙古军队都是熟练的骑手——他们的生活离不开马，所以他们的军队里多是骑兵。他们可以一天奔袭约 90~95 千米，期间通过不断换马保持行军的速度。在战斗中，先由轻装弓骑兵发射密集的箭雨，然后换重装枪骑兵解决剩下的敌人。

脚腕松快，自由自在

蒙古骑兵速度非常快，因为他们穿着非常轻便的盔甲。他们还能在骑行中向各个方向射箭（甚至能向后射箭）——这要归功于他们的马镫。骑兵借助这种蹬托仅靠双脚就能控制平衡，解放双手用于射箭（他们甚至能在马蹄完全离开地面的瞬间发射，这是骑行中最平稳的时候）。

试一试

向后射箭

你需要准备什么

- 吸盘箭
- 尺子
- 弓
- 箭靶

1. 将箭靶固定在墙上（周围不要有易碎品！）。
2. 用尺子量出离箭靶约 2 米的距离。
3. 在 2 米之外反向站立，脚尖向前，背朝箭靶。
4. 回头，扭转腰部射向箭靶。（你可以尝试上下跳跃的同时射击，假装你骑在马背上）

名人录

成吉思汗（1162 年—1227 年）

成吉思汗于 1206 年统一蒙古各部并建立了蒙古帝国。他的军队征服了中亚的大部分地区以及中国北部地区。蒙古军队征战之中伴随着大肆屠城。成吉思汗死后，继承者们继续扩张帝国版图，最终领土面积大概占了地球的 1/5 之多。

警告 箭雨！

一场奢华的朝圣之旅

朝圣自然是很神圣的。但是穆萨不是一个普通的朝圣者，所以他的朝圣之旅也注定不平凡。

14 世纪初，曼萨·穆萨掌管着西非的马里帝国。马里盛产黄金并控制了撒哈拉地区的贸易，因此穆萨成了当时世界上最富有的人之一。跟所有穆斯林一样，穆萨想在他有能力的时候去麦加朝圣——他不像是负担不起的人。1324 年，他成功开启了朝圣之路。穆萨的随侍人员高达 6 万：其中 1.2 万是他的奴隶，个个身穿最精美的波斯丝绸。穆萨骑在骏马上，前面还有 500 个奴隶手执金制仪仗开道。

曼萨的意思是"万王之王""统领中的统领"或者"皇帝中的皇帝"——总之，是个大人物。

名人录

穆萨（1312 年—1337 年在位）

　　穆萨是马里统治者里最虔诚的穆斯林之一（这并不妨碍他攻打相邻的桑海帝国）。他修建了许多宗教建筑，包括在廷巴克图的大清真寺和桑科尔大学（他招募了许多西班牙建筑师，让他们建造一座王宫）。朝圣之旅让穆萨声名远播，欧洲的商人纷纷将马里帝国纳入自己的商业版图，想办法跟马里的有钱人建立关系。

历史趣闻

钱太多了

　　钱太多了就不值钱了。很多国家试图靠印钞票走出经济困境，这通常导致更大的危机。19 世纪的德国，物价每两天就翻一倍，直到最后德国马克一文不值了；在 21 世纪，津巴布韦的通货膨胀率几乎达到了天文数字。

哎哟，太重啦！

慈善捐款（天课）是穆斯林的一项基本义务。

一切都金闪闪的……

　　除了随从，穆萨还有 80 头骆驼，每只骆驼驮着 135 千克的黄金。穆萨用这些黄金大肆采购，不停地买买买——他要为所有人买单，或者当礼物送出去。有个故事说，在伊斯兰教的休息日，他都要去清真寺做礼拜——所以，每周五他都要建一座新的清真寺。

　　当穆萨到达埃及的开罗城时，他施舍给奴隶和歌姬们大量的金子，由于城里的金子太多了，直接导致黄金贬值。埃及的经济直到 10 年后都没有恢复。然而，在他 1325 年返回马里之前，穆萨就已经破产了。他这般大肆挥霍，最后不得不借钱回家。

主角们

- 曼萨·穆萨
- 6 万名随从
- 一些埃及人
- 一些阿拉伯人

然而开罗的人们始终记得穆萨的慷慨。

历史小知识

1312 年：穆萨成为曼萨
1324 年：开始朝圣之旅
1325 年：朝圣返回
1330 年：丢掉廷巴克图后又夺回
1337 年：穆萨在世的最后记录

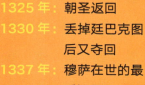

鼠疫解放了农民

在中世纪的欧洲，当一个农民可不怎么好玩。你永远也不能去别的地方。没有领主的允许，你甚至都不能结婚。

领地上的所有人都有义务为领主工作，并服从他的指示。作为回报，领主有责任为他们提供住所和食物。这种体系被称为"封建制度"。在领主们看来，这套制度运行得非常好，他们从中获益最多。对农民们来说，就不是那么好了。有少数人离开乡村去往日益繁荣的城镇工作，但是大多数人的生活总是一成不变的。不管他们有多聪明或者工作多努力，在封建制度下都很难有发展机会。

领主也有义务服从更高级的领主，依次类推，直到国王。

黑暗中……

1347 年，从克里米亚来的船只分别停

历史小知识

1347 年：黑死病在欧洲出现

1348 年：侵袭意大利、西班牙、法国和英格兰

1349 年：蔓延到德国及其周边的荷兰、比利时、卢森堡

1350 年：蔓延到斯堪的纳维亚半岛

1350 年：黑死病逐渐消失

靠在意大利和法兰西南部。跟所有的船一样，船里面有大量的老鼠。但是，这些老鼠身上却带有跳蚤，使得鼠疫在当地蔓延开来。大多数鼠疫感染者会在2—7天内死去。3年内，鼠疫横扫整个欧洲大陆，欧洲的总人口减少了约1/3。因为患者死后皮肤常呈黑紫色，所以鼠疫又被称为"黑死病"。

大约2500万人在这场瘟疫中丧生，从天才到国王，从父母到孩童。因为人口的急剧减少，大量农田被废弃。

主角们

- 带病菌的跳蚤
- 带跳蚤的老鼠
- 被感染的老鼠

……总有一线光明

黑死病之后，西欧地区的农民发现自己大受欢迎。领主们希望他们到地里劳作，但是城里也有大量的工作机会。为了招募新人，雇主们愿意支付工钱——现金！工人们可以要求更高的工资。新的经济方式逐渐瓦解了封建制度。

警告
有骷髅！

你看起来
不太好！

历史趣闻

愿意和我共舞此曲吗？

黑死病之后，欧洲人对死亡的态度大为转变（不足为奇，真的！），"死亡之舞"以艺术的形式出现。它展示了一系列来自各个社会阶层的骷髅形象，纷纷围着坟墓跳舞。它传递的意思很明确：无论你是谁，最后终将会面对死亡！

愿安息！

向穷人布道，
成为致富之道

耶稣曾说过："骆驼穿过针的眼，比财主进天国还容易。"那为什么中世纪的牧师仍然过着王子一样的生活？

财富不会帮助你进天堂（反而可能适得其反），这是《圣经》中广为流传的"箴言"。但是在中世纪，教会非常强大，恢宏的建筑里到处是名贵的绘画和雕塑。为博得上帝的恩惠，有钱人愿意为这些艺术品或者小教堂支付费用。至于农民，则要拿出收成的十分之一（称为"什一税"）付给牧师。

当时多数人都很贫穷，因此大家都喜欢"下一世会比这一世更公平"的说法。

主角们

- 贪婪的牧师
- 腐败的教皇
- 修士 & 修女
- 新教教徒

赎罪券

兜售"赎罪券"是教会敛财的一种方式。他们声称这些证明为人们死后进入天堂提供一条捷径。教会为修建罗马的圣彼得大教堂筹集了资金……也引起了抗议，并最终导致了宗教改革。

历史小知识

1492 年：亚历山大六世成为教皇
1517 年：宗教改革运动开始

奢侈的生活

教会是中世纪欧洲最富有的机构。管理它们的教皇和红衣主教过着王子般的生活。有些人从事这种工作，是因为他们本身就来自有钱有势的家族，比如佛罗伦萨的波吉亚家族。有些人则是对安逸生活的追求远远超过对会众心灵世界的关注。

教皇亚历山大六世（1492年-1503年在位）有几十位情妇和私生子。他还大肆变卖红衣主教这个职位。

金钱主宰世界

一小群人试图找回初心，他们放弃了世俗的财产（当然，多数人觉得这样有点怪）。但是最终关于财富的分歧导致了教会的分裂。1517年后，很多人对有钱人花钱就能进天堂的做法持反对意见，并因此离开了教会（他们被称为"新教教徒"）。

贪婪！

修士与修女

早在3世纪，就有些基督教徒认为教会的权力与基督的教诲相悖。埃及和叙利亚的一些人追随耶稣的生活轨迹，搬到沙漠过起了简单的生活。他们是最早的修士和修女。中世纪早期，修士们清修的修道院（又称"大隐修院"）逐渐兴起。

一根竹杖开启了
欧洲的丝织业

等蚕吐丝结茧，然后煮茧……然后取丝——如果你知道方法的话（前提是你已经有了蚕）。

对中世纪早期的时尚达人来说，丝绸是他们梦寐以求的衣料。跟那个时代的大多数布料不同，丝绸柔顺又尽显奢华。它非常昂贵，不过这并不意外，毕竟是从遥远的中国传来的。丝绸如此珍贵，当时的统治者甚至还用它来笼络周边的游牧民族（显然游牧民族很喜欢这个神奇的奢侈品）。

主角们

- 狡诈的僧侣
- 没用的守卫
- 少量的蚕

古希腊和古罗马的织工会把来自亚洲的丝织物拆开再纺成纱。

历史小知识

公元前 2500 年：
中国已有丝绸

公元前 140 年：
印度出现了养蚕业

公元 550 年：
欧洲开始了养蚕业

你开玩笑吧

中国是世界上第一个养蚕、缫丝、织绸的国家，据说是由传说中的华夏始祖黄帝的妻子发明的。秘密在于怎么从蚕茧取丝：每个蚕茧可以抽出大约1000米长的茧丝。这项技术先后传到了临近的印度和日本。这个秘密太珍贵了，所以当时的统治者们严控技术外传。

嘿，兄弟！

对欧洲人来说，丝绸太贵了，不能一直购买。约在550年，拜占庭帝国的皇帝查士丁尼一世派了两个波斯僧侣去中国学习。据说，他们将少量的蚕藏在中空的竹拐杖里带回国内。这少许的蚕就成了后来欧洲丝织业的基础，在此后约1300年中，丝织业在意大利和法国相当繁盛（但是多数欧洲人仍然买不起昂贵的丝绸）。

丝绸之路

丝绸之路是一条横跨中亚的贸易之路，东起西安和洛阳，最西边到达了罗马帝国。沿途兴起了许多城市。丝绸之路全程约6000千米，很少有人能完整走完：于是货物在商人之间流转，思想文化也相互交汇，佛教和伊斯兰教也沿途传播。14世纪新航线开辟之后，丝绸之路逐渐衰落。

历史趣闻

别碰！

以前的政府总是花很多时间告诫人们：什么可以做，什么不可以做——包括大家该怎么穿衣服。比如在罗马帝国早期，男性被禁止穿丝绸的衣服；在17世纪的美洲，只有有钱人才能穿蕾丝（是的，这很奇怪……但是在那个年代，很多男人都想穿上蕾丝）；鞋子只能长长的，帽子要高高的；特定阶层的人会禁用某种颜色或者材料……官方说这些规定是为了让大家不要浪费钱。然而，这些规定看上去只是为了从服装上区分贵族和平民。

警告
十分昂贵！

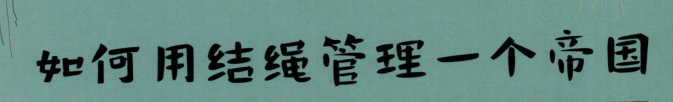

如何用结绳管理一个帝国

如果不能记录好订单和收支，是很难经营好一家糖果店的。
想象一下，如果没有任何文字，如何管理一个超级帝国呢？

南美洲的印加人就做到了。他们没有文字，甚至没有铁器和轮子。印加人的祖先生活在秘鲁北部的库斯科谷地，土地被绵延起伏的群山分割，只有很少的地方可以种庄稼，玉米和土豆是他们赖以为生的作物。但是印加人并没有止步于此。从 12 世纪末到 15 世纪中期，印加人征服了周边众多地区，成了南美洲最大的帝国。16 世纪最盛时，印加帝国的疆域北起今哥伦比亚边境，南至智利中部，西濒太平洋，东至亚马孙丛林和阿根廷北部。

印加帝国的鼎盛时期在15世纪到16世纪，前后只延续了100多年。

主角们

- 印加人（人数不详）
- 羊驼（无数的）
- 西班牙人（少量的）

可爱的羊驼

没有羊驼，印加人可能走不太远……真的！羊驼是主要的负重牲畜，因为印加人没有轮子（安第斯山脉到处是陡坡，即便有轮子也不是很有用）。羊驼还能提供羊毛、奶和肉。羊驼在印加人的生活中如此重要，所以他们会做一些小小的金羊驼作为供奉给神的祭品。

历史小知识

1100 年：印加人以库斯科城为中心建立国家
1390 年：维拉科查国王开始大肆扩张
1493 年：印加帝国疆域达到鼎盛
1532 年：西班牙殖民者开始征服印加帝国

警告
会吐口水！

结绳记事

印加人以首都库斯科为中心管理全国。他们修建了许多道路，信使可以沿着它们到达帝国各地——甚至翻越高高的安第斯山脉。要管理这么大的疆域，并且保证人们有足够的食物，印加人需要仔细地记录各地的人口数量和粮食储备。不过他们没有文字，而是用"奇普"来记录——奇普是用毛线或者绳子打成结，然后扎在一根主绳上。

这些结绳其实是一种编码，可惜在 1532 年西班牙人征服印加后，这种编码系统就失传了。一些奇普保存到了今天（但大多数被销毁了），只是没人能破译它们——或许记录的是关于羊驼的笑话。

试一试

制作自己的奇普

你需要准备什么
- 彩色绳子
- 纸和笔
- 剪刀

1. 制作代码并记下来。用不同颜色的绳子和结绳的数量表示不同的字母。
2. 将绳子剪成 10 厘米长的小段。
3. 用结绳拼出一条信息，比如"印加人爱玉米"。
4. 将表示每个词的绳子扎在一起。
5. 再将每一扎绳子从顶部结起来。
6. 邀请一位朋友来破解奇普的含义。

值得思考的事

印加人的主食是玉米和土豆，它们有很多种颜色，甚至有蓝色的和黑色的。安第斯高原适宜耕种的土地不多，所以印加人沿山坡造出梯田，尽量多开垦一点土地出来种植庄稼。

一个被雕像压垮的国家

岛民们为了致敬祖先雕刻巨大的石像。但太过于沉迷雕刻石像的下场，是忘了让族群好好存续。

在世界地图上，复活节岛可能看上去和笔尖点出的点差不多大。它是太平洋上的一个小小的岛，距离智利约 3500 千米。大约在 1200 年左右，有人来岛上定居。可能他们喜欢平静安宁的生活，就连最近的邻居也远在 2500 千米之外。约在 1250 年左右，岛民们开始雕刻巨石头像，或者叫作"摩艾"（moai）。这些头像最高的有 12 米。

这些雕像都是用一块块巨石开凿雕刻而成，最后被安置在海岸边的石台上。

在 1722 年复活节这一天，荷兰人发现了这个岛屿，复活节岛因此而得名。其实，最早的居民称之为"拉帕努伊岛"（Rapa Nui）。

警告 不要亲吻石像！

历史小知识

1200 年：
复活节岛上开始有人定居

1250 年：
第一座摩艾被雕刻出来

1650 年：
岛上的树木消失

1722 年：
欧洲人发现了复活节岛

人们也会做一些迷你版的摩艾放在家里——与动辄几十吨的大家伙相比，这些就轻便多了。

摩艾是怎么移动的

主角们
- 小岛
- 岛民
- 逝去的祖先
- 巨石

制作巨型石像需要大量人力、物力。摩艾非常大，开采、雕刻和搬运它们，需要许多人一起帮忙。这些摩艾很可能是通过圆木运到目的地的。

有些考古学家认为，建造石像让岛民们耗尽家财。岛上的树木被大量砍伐，用以当作圆木或柴火。到 1650 年，岛上的树木完全消失了，土壤也变得贫瘠。如果岛民们没有花太多气力建造石像，他们也许能种出更多粮食。

衰落！

不知道到底发生了什么，到 17 世纪，复活节岛文明已经衰落了。在 1722 年荷兰人到达的时候，岛上人口已经缩减到几千人。那些摩艾孤零零地站在那里，凝视着曾经的国土……

为什么建造摩艾呢？

岛上大概有 800 多尊石像（有些仍在采石场），它们或被单独安置，或成排被安置在叫"阿胡"（ahu）的石台上。石像大多竖立在海边，背朝大海，面朝内陆，像是在看护着岛上的后人们。或许，岛民们相信，这些代表着先祖的石像会保佑他们。

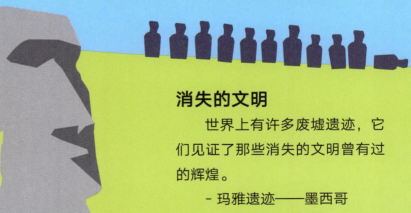

消失的文明

世界上有许多废墟遗迹，它们见证了那些消失的文明曾有过的辉煌。

- 玛雅遗迹——墨西哥
- 吴哥窟——柬埔寨
- 婆罗浮屠——印度尼西亚
- 马丘比丘——秘鲁

肌肉男！

1413年

加油，
法国！

1427年

这是去往
印度的路吗？

1492年

警告
没有救生艇！

我没那么糟糕！

1792年

近代早期

这段时间不算太古老，但也不是很现代：欢迎走进近代早期。它从中世纪晚期持续到18世纪晚期工业革命的兴起（所以，当然不算很现代）。

1666年

伦敦
着火啦！

被上帝召唤的女孩

大多数的圣徒都是因神圣和平而闻名。但是法国的圣女贞德却是一个战斗力爆表的农家女孩。

15 世纪初，英国国王亨利五世取得法国西南部的一个公国领地。1415 年，法国的两大贵族集团为争权夺位开始对战，亨利五世为赢得更多领土趁机入侵。这次入侵只是后来被称作"英法百年战争"中的一部分。

实际上是从 1337 年到 1453 年；但是一百又一十六年战争听上去有点啰唆。

亨利和他的盟友控制了法国北部大部分地区。1428 年，英军包围了法国重镇奥尔良，奥尔良位于法国中北部，是最后一个能阻挡英军长驱直入的战略要地。如果奥尔良落到英国人手上，法国剩余的领土也将无法幸免。

振奋人心的农家女

然后王太子查理与贞德不期而遇。这个农家女宣称上帝召唤她抗击英军，并让查理去东北的兰斯完成加冕仪式……

历史小知识

1412 年：贞德出生
1415 年：亨利五世入侵法国
1428 年：奥尔良之围
1429 年：查理七世加冕
1430 年：贞德在战斗中被俘
1431 年：贞德在鲁昂被处死

主角们

- 被上帝召唤的女孩
- 野心勃勃的王子
- 法国人（所有法国人！）

贞德，
你是我的天使！

我要
证明这一点！

兰斯历来是法国国王加冕的地方。查理被打动了，于是他派贞德去解奥尔良之困。

奥尔良少女

出乎所有人的意料，贞德在奥尔良取得了胜利。贞德在敌人撤退的时候发起突袭，她成了法国军队的联合指挥官，最后大败英国军队。在战役结束时，查理在兰斯正式加冕为王。没人知道，胜利是因为她是战术方面的天才，还是她的精神鼓舞了将士们的士气。

1430 年，贞德被勃艮第人俘虏并交给了英国人，随后被审判。英国人辩称她所谓的神示不是来自上帝（当然了，英国人相信上帝站在自己这一边），他们宣布她为"异端"。事实上，"奥尔良少女"已是法国人心中的大英雄，英国人只想扫除这个障碍。宗教法庭判处她有罪并处以火刑。在 1431 年 5 月 30 日，贞德在鲁昂的集市被处死。

名人录

圣女贞德（1412 年—1431 年）

贞德是洛林大区一个农场主的女儿。她的一生很传奇，她曾声称上帝召唤她去帮助查理王子抗击英军。贞德宣称以基督的名义行事，这激怒了英国人。即使在她被处决时，她仍坚称自己是受到了上帝的指引。1920 年，教皇封她为圣女——其实，在死后不久她就成了法国人心目中的民族英雄。

文艺复兴，从雕塑开始

这一时期的艺术家，如列奥纳多·达·芬奇、米开朗琪罗、拉斐尔和多纳泰罗，现在仍然名满世界——当然，这可不仅仅是因为"忍者神龟"*哦。

文艺复兴时期出现了许多伟大的画家。意大利、荷兰和比利时的画家们用新的方式探讨世界。他们受人文主义影响，嗯，人文主义就是基于人的思想，而不是神的思想。相比之前的艺术家，他们更注重个人本身。

毫不意外，这样的想法受到欧洲新兴阶层的欢迎，诸如富商、银行家和王子们——他们觉得自己非常重要，并且广受关注。

> 文艺复兴从14世纪开始，一直持续到1550年。
>
> 在中世纪，学者们认为世界秩序比个人更重要。

主角们

- 好奇的艺术家
- 重要的赞助人
- 有深度的透视图

你在炫耀！

欧洲新兴的资产阶级不想被卡在中世纪。他们回溯古希腊和古罗马的黄金时代，想要回应古代的非凡成就。作为这种回应的一部分，他们付钱给艺术家，让他们画肖像画和古典场景。这些画是他们炫耀自己修养和财富的一种方式。

那真是深啊

艺术家也更关注个人。他们研究裸体身形（有时候他们甚

不许偷看！

历史小知识

1413 年：透视法出现
1425 年：马萨乔完成画作《逐出伊甸园》
1503 年：达·芬奇开始创作《蒙娜丽莎》
1504 年：米开朗琪罗完成雕像《大卫》

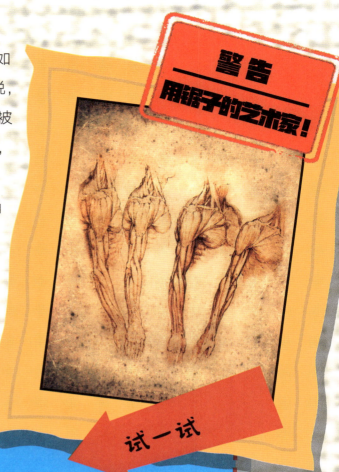
那些达·芬奇画的胳膊和肩膀上的肌肉素描手稿，很可能是通过人体解剖完成的！

至会切开尸体）。他们画作中的裸体人像栩栩如生，甚至能展示出肌肉和皮肤下的肌腱。举例来说，在 15 世纪初期马萨乔的画作中，亚当和夏娃就被画成真实的裸体人的模样，当被驱逐出伊甸园时，他们也像人一样痛哭哀号。

1413 年，建筑家菲利波·布鲁内莱斯基确立了透视原理。这是一种让平面画看起来有深度的方法，让有些物体看起来似乎比别的更远。这是一个显著的变化。兴奋不已的艺术家们开始用很多很多线条作画，这样他们就可以炫耀自己的透视技巧了。

绘制一份透视图

你需要准备什么
- 纸
- 笔
- 直尺
- 橡皮（因为你肯定会犯错）

1. 透视法的原理是：平行线向后延伸时看起来逐渐靠近，并在视平线上虚拟的灭点会合。
2. 在纸上画出一条直线作为视平线。
3. 在纸的下半部分画一个方形。
4. 用直尺辅助，给方形加上侧边，其延伸线需与视平线上的灭点相接。
5. 调整你的立方图形，加入更复杂一点的设计，比如房子，注意所有的线的延伸线都在同一灭点会合。

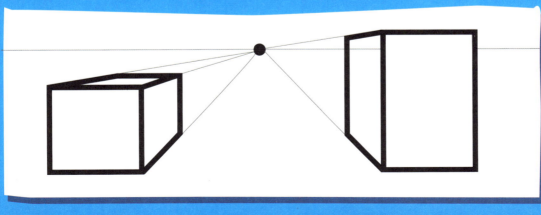

* 忍者神龟：一部漫画，改编成动画片后曾经风靡过好一阵。主人公是这 4 位——领导者达·芬奇、暴躁冲动却富有激情的拉斐尔，最爱搞笑的米开朗琪罗和个性沉稳的多纳泰罗。

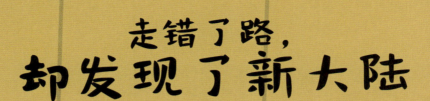

走错了路，
却发现了新大陆

欧洲人发现美洲后，认为找到了"新世界"。不过事实是，这并不是他们一开始想去的地方。

这是世界上最有名的"走错路"。1492 年，克里斯托弗·哥伦布出发去东印度群岛（东印度群岛在东方，呃，他们却向西航行），没错，就是这样。这个勇敢的意大利人认为有一条通往印度的捷径：向西穿过大西洋，这样就不用绕过好望角向东穿越印度洋了。

的确，从东印度运来的香料非常值钱（其实用它们做出来的食物并不美味）。但是向西航行能到达印度吗？其实，没人相信这样能行……特别是哥伦布 3 艘船上的船员们。出发 34 天后，他们曾试图返航。让哥伦布感到庆幸的是，2 天后他们看到了陆地。

历史趣闻

地平说

中世纪的人对世界仍有许多奇怪的想法，比如坚信地球是平的，南方的人们过着颠倒的生活，并且脚长在头上。但是，也有不少有识之士相信地球是圆的——古希腊人已经推演出来了。所以，哥伦布并不认为自己会从地球边缘掉下去。然而，古希腊人认为的地球比实际上小很多——所以，东印度比哥伦布预计的要远很多。

主角们

● 英勇的航海家
● 反叛的船员
● 美洲人（许多许多）

克里斯托弗·哥伦布（1451年—1506年）

哥伦布是意大利人，但是穿越大西洋其实是为西班牙王室效力的（这说来话长了……）。首次远航美洲成功后，他又去了三次。他想要发财，也想功成名就，在发现不可能之后感觉被欺骗了。他还以专横著称，所以他未必是个大英雄。不过，他确实是一个非常厉害的航海家。

警告
没有救生艇！

长城到底在哪里？

没人知道这事发生在哪里（哥伦布并不是第一个看到陆地的，但是这事就记在他头上了），他们看见的可能是巴哈马群岛中的一个。哥伦布继续前进，以为到达了日本，随后又觉得那是中国，但其实那是古巴。下一站他又误以为是日本——这次是伊斯帕尼奥拉岛（现在分属海地和多米尼加共和国）。不过从岛上带回去的一些东西，证明了哥伦布并不是一个十足的傻瓜：金子、鹦鹉、奴隶……还有一些香料。

顽固的家伙

哥伦布坚信他到达的是东亚，并且一直没有改变过自己的想法——尽管他后来又去了三次，并且有其他探险家证明他弄错了。

呼！

历史小知识

1003年：维京人是最早达到美洲的欧洲人
1492年：哥伦布第一次远航
1502年：哥伦布最后一次远航

去美洲！

508名士兵征服一个帝国

在墨西哥中部，阿兹特克人建立了一个神秘的大帝国。它却被少到能塞进一架大型喷气式客机的一帮人给推翻了。

科尔特斯等人从加勒比海的西班牙岛起航。

当时的西班牙人回忆道，他在试图阻止阿兹特克人的攻击时受伤了。

确切地说，2500万阿兹特克人是被508个士兵、大概100个船员……和16匹马打败的。这是一群由埃尔南·科尔特斯领导的西班牙人（指人，不包括马）。1519年2月，他们在墨西哥海岸登陆，然后向阿兹特克的首都特诺奇蒂特兰进发。

科尔特斯受到了阿兹特克的统治者蒙特苏马二世（又称"蒙特祖马"）的欢迎，但是后来阿兹特克人围攻了科尔特斯的队伍。在西班牙人逃离的时候，蒙特苏马二世不知怎么被杀死了。科尔特斯集合了他在当地的盟友，并在1521年攻占首都，一代帝国就这样被推翻。

名人录

征服者

埃尔南·科尔特斯是一个殖民者，他用武力征服了美洲原住民，还让他们皈依了天主教。在这一过程中，科尔特斯获得了大量的财富和权力：成了墨西哥的总督，并大赚了一笔。

啊！

历史小知识

1519年2月：科尔特斯在墨西哥登陆

1519年11月：科尔特斯进入特诺奇蒂特兰

1520年7月：蒙特苏马二世被杀；西班牙人逃离特诺奇蒂特兰

1521年8月：夺取特诺奇蒂特兰；阿兹特克帝国覆灭

残忍的祭祀

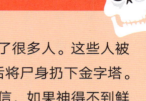

你知道吗？阿兹特克人为祭祀他们的神杀了很多人。这些人被带到金字塔顶端，祭司们会挖出他们心脏，然后将尸身扔下金字塔。为什么会有如此残忍的仪式呢？阿兹特克人相信，如果神得不到鲜血供奉，就会毁灭世界。用作祭祀的活人大多是战争中的俘虏——但不会选择受伤的俘虏：神可不想要不完美的祭品（这样看来，有个伤疤也不错！）。

主角们

- 2500 万阿兹特克人
- 传说中的神（原来不是神）

愤怒的叛军

一个 2500 万人的庞大帝国，为什么如此容易就被征服了呢？其中一个原因是，这个庞大帝国并非铁板一块，大多数部落都是几十年前刚被征服的，他们对阿兹特克人的盘剥（尤其是人祭）非常不满。于是，他们纷纷与西班牙人结成同盟，一起反抗他们憎恨的统治者。

在纳瓦族首领多娜·玛丽娜的帮助下，很多部族加入了科尔特斯的队伍。

马儿，驾！

其实，西班牙人有不少技术上的优势。比如，阿兹特克人之前从没见过马，因为美洲大陆没有马。迅速移动的西班牙骑兵把他们吓住了。对了，西班牙人还有火炮，而阿兹特克人连铁器都没有，只有简单的矛和弓。

警告 从高高的地方坠落！

虚妄的神话

有一个传说，蒙特苏马二世误认为科尔特斯是阿兹特克人的羽蛇神。对阿兹特克人来说，这可是个相当不幸的巧合。科尔特斯不仅长得恰巧像传说中的神，就连出现的时间都与预测羽蛇神返回的时间相吻合。一个皮肤苍白、长着胡子的人从东方驾船而来，一切正如神话中预言的一样，蒙特苏马二世因此对他表示热烈欢迎。哦，天啊！

用微不足道的钱
买下了整个曼哈顿

一座小小的岛上住着160万居民，曼哈顿是世界上最贵的物业聚集地，这并不奇怪。

1524年的曼哈顿和现在大不相同，一个意大利冒险家发现了它，当时是印第安德拉瓦 (Lenape) 部落的聚居地。很明显，曼哈顿的地理位置极佳。它是一个天然港口，一边是哈德孙河（因冒险家亨利·哈德孙得名，他于1609年溯河而上），另一边是东河（这样起名是因为河在岛的东边）。1624年，最早的欧洲殖民者来到了这片区域，他们是荷兰的皮货商。后来，彼得·米努伊特在曼哈顿南端建造堡垒并控制河面进出。

当时欧洲对各种皮毛制品需求旺盛，特别是河狸皮毛，通常用它来做帽子。

主角们

- 一个岛
- 皮货商
- 美洲土著

历史小知识

1524年：乔瓦尼·达·韦拉扎诺驶入纽约湾

1609年：亨利·哈德逊报告说，曼哈顿有大量的河狸可作为皮毛来源

1624年：荷兰皮货商在曼哈顿建立了新阿姆斯特丹

1625年：彼得·米努伊特在曼哈顿南端建造堡垒

1626年：荷兰人从德拉瓦人手里"买"下曼哈顿

1647年：彼得·史岱文森成为新阿姆斯特丹总督

1664年：英国人取得新阿姆斯特丹的控制权，改名为纽约

我给你一些玻璃珠子来换它！！！

首都之变

1785年，纽约成为美国的第一个首都。几年之后它又失去了这一地位——说的好像纽约人在乎似的。纽约人可能缺乏政治热情，因为他们的城市是国家的经济之都。

我们做个交易吧

荷兰人和德拉瓦人做了一个交易。他们用价值约 60 荷兰盾的物品换得了这个岛。据估计，这相当于今天的 1000 美元（要知道，这点钱在曼哈顿连 1 平方米也买不到）。对德拉瓦人来说，这项交易并不划算。的确，印第安人并没有土地所有权的概念：他们认为土地属于每一个人，每个人都可以搬去任何地方。与其他被欧洲殖民者直接夺取土地的部落相比，他们的遭遇算是好得多了。

荷兰人最初的定居点大都在岛屿的高地。

19世纪，拉科塔部落的领袖疯马说："没人可以出售他们脚下的土地。"

名称的变化

在总督彼得·史岱文森的领导下，荷兰定居者建立了一个新城，命名为"新阿姆斯特丹"。1664 年，英国人取得该地的控制权，后来又被荷兰人赢了回去，不过最终还是放弃了。1664 年，通过一纸合约，这块殖民地的控制权被转让给了英国人，英国人给它起了新名字：纽约。

警告
值一大笔钱！

名人录

彼得·史岱文森（1612 年—1672 年）

新阿姆斯特丹最后一任总督，于 1647 年到任，此前曾是一名军人。他在殖民地的北端建造保护关卡（现在华尔街的位置），并且开始修建一条大道，就是后来的百老汇大街。他还夺取了邻近的新瑞典殖民地。史岱文森执政比较严苛，毫无宽容心可言，他曾试图将贵格会和犹太人都挡在殖民地之外。1664 年英国人到来的时候，史岱文森尽到了最后的职责：确保英国人会好好对待当地的居民。

一家面包店
摧毁一座城市

木质的房子总是嘎吱作响，晚上要是想偷偷下楼去吃点夜宵就很难了。哦，对了，它们还容易着火。非常容易。

伦敦是 17 世纪英国最大的城市。当时大概有 50 万居民。在历史悠久的城市中心，很多人都住在拥挤的木头房子里，外面是弯弯曲曲的街道和狭窄的小巷子。人们在这里做饭、取暖……到处是明火，还没有消防队。发生火灾的时候，教堂会用响铃召集志愿者取水救火。

主角们

- 没用的面包师
- 无能的市长
  - 木屋
  - 强风

历史小知识

1666 年 9 月 2 日星期日：
伦敦大火发生

9 月 4 日星期二：
圣保罗大教堂被烧毁

9 月 5 日星期三：
大火熄灭

那个面包师有布丁！

火灾真的发生了——很多的火灾。但是发生在 1666 年 9 月 2 日（星期日）后半夜的那场大火是最严重的。火灾是从邻近伦敦桥北端的布丁巷里的一个面包店里开始的。面包师一家人成功逃生（他们的女仆就没有那么幸运了），但是火星引燃了附近的房子。然后火借风势，风助火威，到黎明时，一大片房子都已经着了火。

警告
面包烤焦了！

在那个年代，伦敦桥上有些房子。

呼叫消防队……

大火烧了 4 天，整个城市损失惨重，圣保罗大教堂也被烧毁了。无家可归的伦敦人只能到城外露营。有人指责市长没能及早控制住大火；还有人说是法国人放的火，他们想要入侵英国。

大火过后，13000 栋房子被烧毁，受灾者多是贫穷的工人。只有少数人被报告死亡——但是有更多人的死亡没有被记录下来，我们可能永远无法得知确切的人数。

市长当时说火很小，用尿就能浇一浇！

历史趣闻

你会喜欢木头房子吗？

17 世纪时，很多城市不知怎么就起火了。问题的根源是木头——实际上，所有的房子都是用易燃的木板搭建而成的。街道很狭窄，火苗很容易从一幢房子窜到另一幢房子。到处是起火的隐患：火炉、壁炉、蜡烛、灯，甚至雪茄烟，而且没有消防队。当火灾发生时，只有志愿者排着长队用桶从河里或泵站取水，然后去灭火。如果时间充裕，他们会拆掉起火点周围的房子，制造一个大的隔离带以阻止火势蔓延。

从刮胡子
开始现代化改革

你可能有被父母提醒去剪头发的经历。但是想象一下如果是皇帝告诉你……

对了，彼得大帝主要担心的不是头发。1696 年，当成为大权独揽的沙皇时，彼得大帝有很大的抱负。他相信俄国的未来在欧洲，而不是亚洲。当时的西欧出现了大量的新理念。彼得乔装改扮前往西欧游历，想要看看当时的社会正在发生着什么（他的乔装改扮不怎么成功，因为他身边有许多俄国人）。彼得带着各种各样的新鲜玩意返回俄国——舰艇模型、口腔医学、鳞翅类昆虫学（呃，蝴蝶和飞蛾），还有消防水龙带。他深信，俄国需要改革，需要现代化。

1682 年成为沙皇时，他只有 10 岁，所以需要和母亲、兄弟共享权力。

历史小知识

1682 年：彼得成为沙皇，与哥哥并立为帝
1696 年：独自掌权
1697 年：游历西欧
1698 年：返回俄国
1703 年：建造圣彼得堡

试一试

改造爸爸，让他变得更时尚

你需要准备什么
- 不时髦的爸爸（换句话说，所有普通的老爸）

1. 把爸爸不时髦的地方列一个清单。
2. 对照清单，对应换上时髦的装饰。如果爸爸头发少，试试给他选一顶帅气的假发。将开衫换成卫衣。
3. 带他出门让大家赞赏他的新形象（但是先不要让他照镜子）。

彼得大帝（1672 年—1725 年）

　　彼得大帝实现了自己的伟大抱负。他领导的改革让俄罗斯逐渐强大起来，并击败了瑞典，取得了波罗的海的出海口。同时，他严格限制俄国贵族的权力，尤其是特权贵族们（胡须税主要针对的对象），从而加强了沙皇对国家的控制。

把胡子刮干净

　　首先，俄国需要一个新首都。为此，彼得聘请了建筑师在波罗的海沿岸修建了圣彼得堡。其次，他通过战争夺得了更多港口，俄国逐渐成为海上强国。最后，他要求所有人刮胡子。

　　中世纪的俄国人毛发很旺盛（至少男人们是这样）。留胡子是一项传统——但是彼得留意到欧洲人没有。所以他认为留胡子已经过时了，并且他在 1698 年下令让官员和士兵都剃掉胡子。几年以后，他开始对蓄须者征税。纳完税的人会收到一个特制的银牌，上面写着"胡子是累赘"。

　　传统的俄罗斯长袍也退出历史舞台。彼得希望他的官员们像欧洲人一样穿着，以此表示他们期待迈向现代化的未来。

咔嚓！
咔嚓！

主角们

- 彼得大帝
- 毛发旺盛的俄国人
- 理发师

为了减轻受刑者的痛苦，
断头台出现了

做一个国王很酷……你可以戴上王冠，可以对周围的人发号施令。但是如果你做得太过分了——小心！生气的臣民们可能采取激烈的行动。

英国人开了先河，他们发动革命，并于 1649 年处死了国王查理一世。他们还让议会管理国家，但是没想到议会原来是一群可怜虫。所以，11 年之后，英国人又迎来了新君主——查理二世，就是被处死的查理一世的儿子。从此以后，他们再也没有尝试过不设国王。

主角们

- 斧头
- 刽子手
- 愤怒的民众
- 无能的国王

也许我没有那么糟糕！

该死的！

在 18 世纪的欧洲，专制主义思想甚嚣尘上，他们认为君权神授，国王可以全凭自己的想法管理国家——只要看顾好他的臣民。但是法国作家让-雅克·卢梭在他的《社会契约论》中宣称，国王只能在与民众达成的协议范围内进行管理。

在 18 世纪末的法国，这两种思想激烈碰撞。很多人对波旁

历史小知识

1642 年：英国内战——保皇派 vs 议会
1649 年：议会胜利，查理一世被处决
1660 年：君主复辟，查理二世登基为王
1789 年：法国大革命
1793 年：路易十六被处决
1814 年：路易十八登基为帝

君主无用论!

1649 年,英国议会宣布:在这个国家,国王不是必要的,对自由、社会和民众的福祉来说,国王的存在是负担,也是威胁。

当然,在 1660 年议会请回查理二世当国王的时候,所有人都忘记了曾经的宣言——"君主制是无用的"。

王朝的内政外交不满,同时对所有人交税供养宫廷提出质疑。1789 年,当三级会议未能就"无代表,不纳税"达成一致时,法国人就起义了。革命者处决了很多不同政见者,或者说拥护旧体制的人,他们用断头台上超级快的刀斩下他们的头。1793 年,刀刃落到了国王路易十六的脖子上。这一事件传递给全欧洲的君主一个信息:谨慎使用你的权力,否则……

断头台这一发明出现在 1791 年,在处决犯人的时候可以减轻受刑者的痛苦。发明者吉约应该对此很了解——因为他是一位医生。

警告
有点痛!

一船茶
引发的独立战争

在殖民地精英们开始思考自治之前，英国国王已经统治他们几百年了。

北美殖民地隶属英国政府，由国王任命的总督治理。当地人要向英国政府缴纳税收——但是当要决定怎么支配这些税收的时候，议会里没有来自殖民地的议员为之发声。

"无代表，不纳税"。

讨论税收

18 世纪 60 年代，当英国人想要征收新税时，冲突达到了顶点。有些议员曾向国王乔治三世预警殖民地过度征税的情况，但是国王需要更多的钱，用于支付英法七年战争的欠款。国王认为殖民地应该缴税。另一个英属殖民地——西印度群岛——也面临同样的问题，尽管它就在加勒比海旁边。然后，议会宣布对所有印刷品征收印花税（包括纸牌）！

主角们

- 疯狂的国王
- 殖民地居民
- 茶（加奶和 2 颗糖，谢谢）

倒吗？

一项新的税收又来了，茶叶开始被征税——茶是美洲人喜欢的——尽管同时期英国已经取消了这一税收。1773年11月，装载茶叶的商船在波士顿进港（茶叶只能由英国商船运输）。

1770年的"波士顿惨案"已经惹恼了波士顿人，当时英国军队射杀了抗议者。现在，总督拒绝支付茶叶税或者让船离开。1773年12月16日，大约200多人来到船上，并将茶叶全部倒进了海湾。有些人装扮成印第安莫霍克人，但是没人被骗到。

好战的波士顿人

作为对"波士顿倾茶事件"的惩罚，英国关闭了波士顿港，取消了马萨诸塞的自治地位并置于皇家直辖管理——波士顿属于马萨诸塞。波士顿人认为这些是"不可容忍法令"。当英国驻军开始搜查隐藏的武器，当地人发起了反击——美国独立战争开始了。当一切结束时，英国失去了它在北美的13个殖民地，美利坚合众国从此诞生了。

历史趣闻

惶恐不安的殖民地居民

起初，北美殖民地需要英国本土的物资和移民，也需要英国军队的保护。然而，随着时间的推移，殖民地可以自给自足了。城市变得繁华，财富不断累积，人口越来越多。所以，人们开始质疑英国的统治。对于像山姆·亚当斯这样的精英来说，他们开始思考自治的问题。

再来一杯？

TEA

TEA

TEA

警告 远离海水！

TEA

新大陆成了流放之地

18世纪末期，英国面临高犯罪率的问题。因为穷人太穷了，他们不得不一直靠偷盗为生，由此产生了太多的罪犯，监狱都装不下了。

当然，当政者可以考虑对轻微犯罪处以较轻的处罚。然而，他们却将罪犯遣送出国——终生不能返回。英国人原来将罪犯送往他们在北美的殖民地，但是美国独立战争后就不能继续了。幸运的是，1770年，詹姆斯·库克船长声称在太平洋发现了一个新大陆，正适合做殖民地。

1787年5月，载有775名罪犯、645名官员及船员的舰队出发了。他们花了8个月终于抵达植物学湾……然后又花了8分钟意识到库克弄错了。这里土壤严重沙化，没办法种庄稼。舰队沿着海岸继续搜寻，直到发现悉尼湾。

将罪犯遣送出国称为"流放"。

库克在植物学湾登陆，靠近今天的城市悉尼。

主角们

- 詹姆斯·库克
- 约162000罪犯（不是一次遣送的）

历史趣闻

大盗小偷都是贼，都要上绞刑台

在18世纪末的英国，流放是两种处罚方式中的一种……另外一种是绞刑。法律保护财产所有权，不管是什么。甚至在别人的地界偷猎一只兔子也会被发配到澳大利亚（即便罪犯已经得到法庭的谅解）。

噩梦般的阿瑟港监狱

塔斯马尼亚岛上的阿瑟港监狱被称为"人间地狱"。囚犯们要采石、挖煤，睡在又小又黑的囚室里。逃跑几乎是不可能的：监狱被鲨鱼出没的海域阻断。

你会种地吗？

新大陆也好不到哪儿去。首先是饥饿问题。罪犯中没有人会种粮食——也没有足够的牲畜。第二支舰队于 1790 年到达，但它只是带来了更多饥饿的罪犯。任何想要从基地逃跑的人都死在了大沙漠里。

安居下来

1790 年底，情况好了一些——从南非运来的补给到了。后来，有一个囚犯开发了一个农场。新的监狱殖民地建立起来了。在接下来的将近 80 年里，更多囚犯被流放过来。刑满释放后，很多人留了下来，更多新的移民也来了。澳大利亚成了人们追求新生活的地方。历史就是这样一路向前。

警告
禁止逃跑！

历史小知识

1788 年：第一支舰队抵达新大陆
1790 年：第二支舰队抵达
1817 年：新大陆被命名为"澳大利亚"
1868 年：最后一批囚犯被运送至澳大利亚

嗨！

工业革命和帝国时代

大概从200多年前开始，世界变化更快了。其中一个原因是工业革命；另一个原因是地球上各种不同文化的碰撞。尽管有这么多变化，人们还是用各种奇思妙想创造了历史。

鸟喙能说明什么？

靠黑奴开创的自由国度

随着1776年《独立宣言》的发表，美国建立，自由的钟声响起——其实，并不是所有人都获得了自由。

《独立宣言》提出了很多好主意——并且此后将近250年一直是美国立国的基础。其中有一句话广为人知："人人生而平等。"这意味着英国国王不能再对美国人呼来喝去（英国国王乔治三世向他们征收高额税款，却不向他们征询怎么用这笔钱，这让他们很恼火）。《独立宣言》针对的对象是英国，英国对此表示关于平等的主张很好——但是，美国的50万奴隶怎么办？人人平等，但是有些人并没有和其他人一样平等。

宣言的大部分内容是英国国王的"错事清单"。

历史小知识

1619年：北美出现最早的黑奴

1776年：《独立宣言》发布

1863年：《解放黑人奴隶宣言》实施

历史趣闻

罪恶的航民

"中段航程"（Middle Passage）是非洲到美洲的黑奴贸易航线。黑奴们先被囚禁在非洲海岸的堡垒，然后被送上前往美洲的船，他们被铁链拴着，只能挤在狭窄的船舱里，整个航程会持续几个月。环境很糟糕，不少人生病。当他们被允许到甲板上透透气的时候，很多人会选择跳海自杀。航行途中黑奴的死亡率高达15%。

萨利·海明斯（1773 年—1835 年）

　　萨利·海明斯是托马斯·杰斐逊（《独立宣言》的主要起草者，也是美国第三任总统）的奴隶，她是一名混血。在杰斐逊的蒙蒂塞洛庄园里，因为她的肤色较浅，所以在黑奴中地位较高。在萨利十多岁的时候，杰斐逊在巴黎担任驻法大使，她跟着杰斐逊在巴黎生活了两年。有流言说，在杰斐逊妻子去世后，萨利给杰斐逊生了好几个儿子。

奴隶国家

　　签署独立宣言的 56 个人中，大约 1/3 的人都拥有黑奴。《独立宣言》主要起草者之一托马斯·杰斐逊，拥有 150 个黑奴。乔治·华盛顿（美国首任总统），拥有超过 300 个黑奴。所以，"人人生而平等"在哪儿呢？

当这些建国者们开始起草宪法时，将 1 个黑奴视为 3/5 个白人自由民。

白纸黑字

　　一个简单的事实就是，大多数美国白人将黑人视为低等种族，即便他们不是奴隶。他们认为政府应该由受过良好教育的白人（男性）管理（要知道，《独立宣言》中提到的"人人生而平等"也不包括女人和印第安人）。

主角们

- 美国白人（男性）
- 其他美国人

烧水壶开启的工业革命

蒸汽火车、蒸汽轮船、现代化的煤矿开采和冶铁，工厂、纺织厂、农业机械——这一切得从一杯茶说起。

实际上，它们都是靠蒸汽机驱动的——而蒸汽机的出现跟一杯茶有关。至少，第一台真正有实用价值的蒸汽机是这样的。1764 年，苏格兰工程师詹姆斯·瓦特着手修理一个早期版本的"纽科门蒸汽机"（以发明者托马斯·纽科门的名字命名），在这之前，蒸汽机已经存在超过 50 年了。

早期的蒸汽机多用于给煤矿和锡矿排水。

气体（蒸汽）要比液体（水）占据更多的空间，这就是为什么蒸汽能推动活塞。

主角们

- 聪明的苏格兰人（有很多！）

请注意！科学来了……

了解一下，蒸汽机是很有用的，下面是详细解释……气缸里加水、煮沸、产生蒸汽、蒸汽膨胀、推动活塞、蒸汽冷却、凝结成水、活塞落下。如此反复。明白了吗？还有问题吗？

呜！呜！

喂，老兄！

瓦特是众多聪明的苏格兰发明家之一，另外还有：

- 威廉·默多克
  - 煤气灯
- 查尔斯·麦金托什
  - 雨衣
- 詹姆斯·杨·辛普森
  - 麻醉剂氯仿
- 柯克帕特里克·麦克米伦
  - 脚踏自行车

哔 - 哔 -！

警告烫！！

来杯茶吗？

据说，瓦特在观察烧水壶时受到了启发。他发现在交替加热和冷却气缸的过程中，生成蒸汽和冷凝蒸气时会浪费能量。于是，他发明了一种新型蒸汽机，让蒸汽进入冷凝器，这样气缸可以一直保持温度。蒸汽机的效率因此一下子提高了 3 倍。

驱动力

1776 年，瓦特制造了他的第一台蒸汽机。他还发明了齿轮和曲柄，将蒸汽机上下运动转变成旋转运动。这样就可以将蒸汽机用在车床和织布机上——几乎所有地方！

名人录

詹姆斯·瓦特（1736 年—1819 年）

瓦特和他的商业伙伴马修·博尔顿制造了超过 500 台瓦特蒸汽机。瓦特还有别的发明，比如用马力衡量功率。今天我们用他的名字"瓦特"作为功率单位，以表示对他的敬意。

历史小知识

1712 年：纽科门蒸汽机
1776 年：瓦特蒸汽机
1829 年：史蒂芬逊的"火箭号"蒸汽火车

靠一块树皮征服非洲

对19世纪的欧洲人来说，非洲大陆充满了神秘感，人们对其知之甚少。冒险家们往往一去不回。

据说"黑暗大陆"（非洲）是强大又富庶的帝国发源地。庞大的商队穿过撒哈拉沙漠，将金子从它的腹地运出。欧洲人想从非洲攫取财富。当然，他们认为非洲人没权利拥有财富，这让事情变得更容易了。

是骆驼商队，不是我们现在常见的货车队。

我们还是待在海滩上吧

最初，欧洲人对非洲的了解仅限于非洲北部及其沿海地区。非洲被称为"白人的墓地"，许多探险家和殖民者都死于当地的疾病——其中最危险的是疟疾。

嗡 嗡 嗡！

我在哪儿？

历史小知识

1820 年： 奎宁作为疟疾特效药面世
1840 年： 利文斯敦被派往南非
1885 年： 欧洲列强开始瓜分非洲
1914 年： 非洲基本上被列强瓜分完毕

名人录

戴维·利文斯敦
（1813 年—1873 年）

戴维·利文斯敦，苏格兰传教士，最著名的非洲探险家。他的足迹深入非洲南部和非洲中部。当他失去音讯几年后，亨利·斯坦利于1871 年在坦噶尼喀湖附近找到了他。戴维·利文斯敦最终死在了非洲：他的心脏葬在了那里。

蚊子——可怕的恶魔

疟疾是由蚊子身上携带的疟原虫引起的，经蚊子叮咬传播。欧洲人对这种病没有抵抗力（大多数非洲人却有）。有一种药可以治愈……但是它来自世界的另一边。

1638 年，一个来自西班牙的伯爵夫人在秘鲁被治愈，后来她将这种被称为"生命之树"的树皮带回欧洲，经过实验和研究，人们终于发现了"奎宁"。

神奇的树皮

西班牙冒险家发现，南美的当地人使用金鸡纳树的树皮提取物来治疗疟疾。但是直到 1820 年，法国科学家才从中提取出抗疟疾的药物：奎宁。

奎宁的出现让冒险家们可以去那些疟疾肆虐的高危地区了。这片大陆的探索之门被打开——也开启了被剥夺的时代。"瓜分非洲"开始上演。

到 1914 年，非洲大陆的大部分地区都处在欧洲统治之下。

探险家俱乐部：

19 世纪进入非洲的欧洲探险家：

- 蒙戈·帕克
  - 尼日尔河，1805 年
- 海因里希·巴尔特
  - 苏丹，1850 年
- 伯顿和斯皮克
  - 坦噶尼喀湖，1858 年
- 亨利·莫顿·斯坦利
  - 刚果，1874 年

警告
吸血的小虫！

我猜你是
戴维·利文斯敦医生吧？

哦，天哪！
的确是！

主角们

- 冒险家
- 蚊子
- 南美的一种树

用一张地图
战胜致命疾病

维多利亚时代的伦敦是个令人兴奋的地方——这是个富裕的城市。但是，它有一个麻烦……其实，是成千上万的麻烦：伦敦人。

当时很多人没有工作，也没有钱。他们住在拥挤的贫民窟里。很多家庭从公共水泵取水，将垃圾倒在开放的下水道或者粪坑里（呕）。卫生状况太糟糕了，瘟疫时常爆发。

让我们净化一下空气

1854 年，霍乱杀死了苏豪区宽街附近的 500 多人。医生们大都认为是一种污浊难闻的"瘴气"导致的——只有一个医生除外，他就是来自约克郡的医师约翰·斯诺。他不相信霍乱是通过空气传播的（尽管当时他并不知道霍乱到底是怎么传播的，因为还没有人把疾病和细菌联系起来）。

瘴气（miasma）——源于希腊语，有污染、弄脏的意思。在古代，人们通常认为疾病是由瘴气导致的。

历史趣闻

伦敦大恶臭

1858 年，一个紧急状况差点把英国议会逼得搬出伦敦。窗外的泰晤士河臭气熏天，议员们简直没法呼吸。他们拉紧窗帘，还把它们浸泡在石灰水中，试图以此来抵挡恶臭。河水里混合着来自污水坑的粪水，夹杂着屠宰场的秽物。夏天的高温让河水闻起来简直像一个露天的马桶（基本上它就是）。大恶臭事件后，伦敦修建了新的下水道。

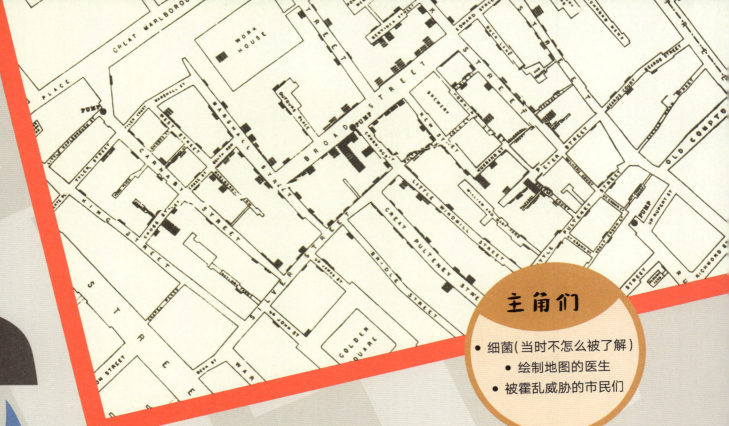

主角们

- 细菌（当时不怎么被了解）
- 绘制地图的医生
- 被霍乱威胁的市民们

别喝那里的水！

"水泵行动"

斯诺开始走访苏豪区的居民（虽然很多人已经逃离）。他根据走访结果，在地图上标记出死者生前住过的房子。猜猜他发现了什么？多数病例都集中在宽街的水泵附近！斯诺推测这台水泵才是感染的源头。他不知道确切的原因，但是他成功地推断出这跟饮用水和污水离得太近有关。斯诺呼吁市政将这台水泵的把手拆掉——然后霍乱就消失了。

昏过去了，医生！

发现霍乱的源头并不是约翰·斯诺对医学的唯一贡献。他还首先使用了氯仿作为麻醉剂——这种气体可以让病人在手术中昏睡。在维多利亚女王生孩子的时候，斯诺就曾给她使用了这种麻醉剂。2003 年，他被选为"英国最伟大的医生"。

警告
致命的细菌！

历史小知识

1849 年：约翰·斯诺开始研究霍乱的传播途径
1854 年：斯诺用地图标识宽街的疫情
1861 年：疾病细菌学理论出现

通过鸟喙的形状，
揭开人类起源的秘密

查尔斯·达尔文不是第一个拥有"进化论"想法的人，但他是第一个说明进化是怎么发生的人，这都是一种小鸟告诉他的……

作为一个年轻人，达尔文秉承了家族成员对自然史的天赋和兴趣。1831 年，查尔斯·达尔文有机会乘坐"小猎犬号"进行为期 5 年的环球航行（舰长招募他为私人旅伴）。这趟航行将改变达尔文的一生乃至科学史。

船每停靠一处，达尔文都会对当地的动植物进行观察、采集。在科隆群岛（位于太平洋，距离厄瓜多尔海岸 975 千米），达尔文发现了一些独特的物种，比如鬣蜥（一种巨大的蜥蜴），还有生活在不同岛上的各种各样的雀鸟。岛上的物种都是在相对封闭的情况下演化的，这让达尔文特别感兴趣。

主角们

- 查尔斯·达尔文
- 雀科小鸟
- 人类（人其实属于灵长目）

名人录

查尔斯·达尔文（1809 年—1882 年）

查尔斯·达尔文原本要做一名医生，但是他放弃了医学学业，专注于研究海洋无脊椎动物（或者说就是贝类）。当他随"小猎犬号"环游地球进行科学考察时，他撰写的地质学著作让他出名了。《物种起源》及另外一本书《人类的由来》，巩固了他作为进化论奠基人的地位——尽管事实上也有其他人在这方面做了很大的贡献。

那难道是
漂亮的男孩吗？

迷人的雀鸟

在科隆群岛，达尔文注意到不同岛上的鸟喙形状不同。有些短而粗，而有些细而长，还有些则弯弯的带钩。

达尔文推断，所有的雀鸟源于共同的祖先——也许那些雀鸟是被大风吹到岛上的。为了更好地获取食物，雀鸟的喙发生了演化，那些食物可能是花蜜、坚果，或者种子。

如果在某个岛上，鸟儿长着长长的喙可以让它们获得更多食物，那么随着时间推移，长着长喙的鸟儿就会比长着短喙的鸟儿繁殖得更多，最后这个岛上的鸟儿都会长着长长的喙。嘿，瞧！这就是"自然选择"！

强者胜出，弱者出局

通过这次科考之旅，达尔文认识到：动物为获取某种优势不断进化，比如可以获得更多食物或者更容易找到配偶。达尔文称之为"自然选择"，或者"适者生存"。

1859 年，达尔文将他的理论写成《物种起源》，这本书引起了轰动。书中的理论不仅与上帝造人的说法相矛盾，还提出了"人是从猿进化来的"观点。达尔文的理论充满争议，大多数人都拒绝接受它，还好大多数的科学家们都认可这一理论。

历史小知识

1831 年：乘坐"小猎犬号"航行考察
1859 年：《物种起源》发表
1871 年：《人类的由来》发表

一本小说
引发了废奴运动

废奴运动最终导致了美国南北战争。美国总统亚伯拉罕·林肯曾半开玩笑地说，这场战争是由一个年轻作家的一本书引发的。

哈里特·比彻·斯托夫人是一个不平凡的女子。她的父亲里曼·比彻是一个有名的牧师，他让哈里特接受了很好的教育。后来她像父亲一样成为一名牧师，同时也是一名教员（她和另一位教员，卡尔文·埃利斯·斯托教授结了婚）。斯托一家是废奴主义者，他们支持废除奴隶制，甚至为通过秘密路线逃往北方自由州的黑奴提供庇护。

那个年代，大多数的女孩没有机会上学。

主角们

- 400 万黑奴
- 女性教员
- 伟大的总统
- 汤姆叔叔

把汤姆叔叔殴打致死的打手，见到他死前对信仰的坚定，深感震撼。

警告
强大而神奇的文字！

一本书居然引发了一场大战！

名人录

亚伯拉罕·林肯（1809 年—1865 年）

林肯是美国人最尊敬的人，他曾是伊利诺伊州的律师，以正直著称。1860 年当他被选为总统时，因反对奴隶制引发了一场危机。南方各蓄奴州先后脱离了联邦——林肯为了维护联邦统一而开战。1863 年，他颁布了《解放黑人奴隶宣言》，所以这场战争也是解放黑人奴隶的战争。

争论不休的美国人

关于奴隶制的辩论非常激烈。南方种植园经济的维系需要奴隶，但是在北方奴隶制是非法的。北方人认为将人作为财产是不人道的。在 1850 年，国会通过了《逃奴法案》。它要求人们将逃走的黑奴还给他们的主人——即要从不允许蓄奴的州抓捕逃奴。于是，北方人被激怒了。

影响力巨大的一本书

哈里特·比彻·斯托夫人决定写下黑奴的生活。她的小说《汤姆叔叔的小屋》，讲述了信奉基督教的黑奴汤姆叔叔的故事，包括他的悲惨遭遇，以及他的坚定信仰和善良——临死前，这个奴隶宽恕了打死他的人。哈里特关于黑奴生活的描述，对废除奴隶制是一个有力的论据。当她在南北战争中见到亚伯拉罕·林肯时，总统评价说："你就是那个写了一本书，酿成这场大战的小妇人！"

《汤姆叔叔的小屋》是 19 世纪销量第二的作品！

用一把尺子
瓜分一片大陆

看看北非的地图，上面有许多边界线都是直直的——而不是沿着自然地貌。

北非生活着许多不同文化和不同语言的人。世代以来，他们或居住在撒哈拉沙漠，或山地中，或灌木丛林地里，又或是地中海沿岸。实际上他们没有国家或边界的概念。有些人过着游牧生活，并不总是待在一个地方。非洲人这样生活了数千年。但是，到 19 世纪欧洲人在非洲建立起他们的殖民地时，非洲人很快就觉得这不适合他们。

早期的王国有明显的中心，但是边界模糊。

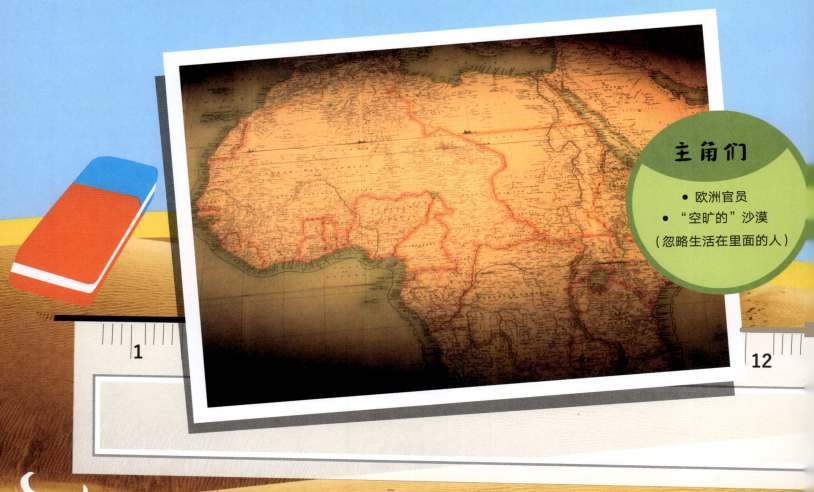

主角们

- 欧洲官员
- "空旷的"沙漠（忽略生活在里面的人）

1

12

蜂拥而上

欧洲各国都在竞相开拓自己的殖民地，他们从殖民地攫取原材料并向那里销售本国商品。19世纪八九十年代，欧洲各国掀起了"瓜分非洲"的浪潮，甚至连小小的比利时也加入进来。

1884年，欧洲列强在柏林召开会议讨论"如何瓜分非洲"（他们甚至都不需要征求当地人的意见）。有些地方没有明显边界线，比如山脉或者河流，他们就简单地在地图上画一条线。其实，生活在沙漠中的人并不在乎边境线，他们也不需要围栏和海关，但是随机画的边境线分裂了宗族领地和游牧部落，后来引发了很多部族冲突和战争。

贪婪的国王

位于中非的刚果自由邦与其他殖民地有很大不同，它是比利时国王利奥波德二世的私人财产。国王的手下强迫非洲人采集橡胶，如果有人完不成任务，甚至会被砍下双手。

分配你家的房子

试一试

你需要准备什么

- 坐标纸
- 直尺
- 拳击手套
- 铅笔
- 线团

1. 在坐标纸上，认真地按比例画出你家的房子。
2. 用直尺将房子按你家人头数量均分。
3. 用线团在每间房子里标识出分界线。
4. 告诉每一个家庭成员，他或她应该待在哪个地方（这或许是你需要用上拳击手套的时候了）。

15 16 17 18 19 20 21 22 23 24 25

历史小知识

1875年：英国和法国控制了苏伊士运河
1881年：法国占领了突尼斯
1882年：英国接管了奥斯曼帝国的部分势力范围（包括苏丹）

1913年

警告
愤怒的女人！

如果
你不放开我，
我是不会
投票给你的！

1914年

敬礼！

砰！

1916年

"鹰"号着陆了……

1969年

现代

现代是指1900到现在（大约100多年的时间）。你几乎能辨识出所有的事情……但是也有一些事情可能会让你感到意外。

1947年

滴答，滴答，
滴滴答答！

感受到了俄国的威胁，却入侵了法国

第一次世界大战中，"西线"（the Western Front）几乎没有动过，阵地向前推进几米就可能要付出数千人、数万甚至几十万人的生命做代价。

1914 年 8 月，德国感受到了俄国的威胁……所以它入侵了法国。啊？什么？！德国人不想两边同时作战，所以他们计划快速打败法国之后再去跟俄国作战。这个计划差点成功了。德军已经抵达距巴黎不足 50 千米的地方，但是英法联军（协约国的主力）又把他们赶了回去。

双方较上了劲儿：士兵们挖出一排排的战壕，隔出几百米的无人地带，其中布满了带刺的铁丝网，这样的战线绵延数千米。无休止的炮击过后，阵地上早已寸草不生、泥泞不堪。

德军已经离巴黎这么近，逼得法军甚至调用出租车运送兵力。

历史小知识

1914 年：第一次世界大战爆发
1915 年：战局僵持
1916 年：战局僵持
1917 年：协约国反攻
1918 年：第一次世界大战结束

主角们

- 德国士兵
- 法国士兵
- 英国士兵
- 比利时士兵

滋一轰！

让我们再试试

双方指挥官都尝试用不同战术突破战壕防线。通常先炮击敌军阵地，然后步兵进攻。哨声响起，士兵们纷纷爬出战壕，发起进攻。他们通常需要在机枪扫射中前进。双方都在不同时间取得小规模胜利，但是很快在对方反击中退回。西线几乎僵持不动。有士兵说那里就像香肠绞肉机，机器启动后不断地挤出绞碎的肉。

反攻

直到 1917 年，协约国成功打破僵局——最后一次推进终于冲破了防线。德军开始退却——事实上他们已别无选择，只能投降。

名人录

道格拉斯·黑格
（1861 年—1928 年）

一战中，西线战事死伤无数，指挥官们受到了指责。批评者说那是"狮子被驴指挥"。英国陆军元帅道格拉斯·黑格首当其冲。在黑格指挥的索姆河战役中，第一天就有多达 6 万的士兵伤亡——这是英国军事史上惨败的一天。不过，黑格的支持者却说他打得挺好，因为之前从没人打过这种堑壕战。

战争爆发

1914 年，奥匈帝国大公被塞尔维亚人刺杀，当时的两大体系（以德、奥、意为首的同盟国和以俄、法、英为主的协约国）开始各自站队。俄国支持塞尔维亚，德国支持奥匈帝国。于是几天之内，大半个欧洲都卷入了战争。

用铁链争取女性投票权

在西方的民主国家，所有成年人都有投票权，对吗？错！几个世纪以来，只有富人有权投票——而他们并不想与更多人分享……特别是女人。

其 至在西方民主的发源地古代雅典，也是这样的。每个雅典人都有投票权——只要是男性公民。这就排除了女人、外国人和奴隶——几乎占了九成的人口。

民主（democracy）这个词来源于希腊语的 demos 和 kratos，分别是"人民"和"力量"的意思。

主角们

- 链子
- 栏杆
- 失去耐心的女人
- 顽固守旧的男人

小气的男人们

几千年以后，到了 20 世纪初，也没什么太大的变化。男人们依然认为女人不应该涉足政治。有些人指责她们没有受到足够的教育，不能理解时事（当然，他们本可以尝试给女性更好的教育）。女人们当然反对，这毫不意外。

1900 年的时候，有些女性可以投票——但是仅限于新西兰！

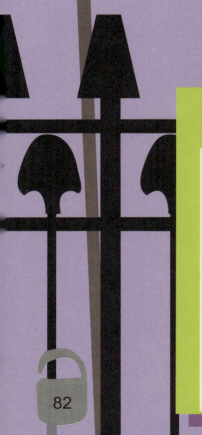

历史趣闻

谁有选举权？

大约在 13 世纪，欧洲出现了民主制。但是通常只有土地所有者才有投票权，也就是贵族们——并且是男人（他们通常投票给他们的贵族朋友）。到了 19 世纪，事情发生了变化。工业的发展让中产阶级开始壮大。工厂主、律师和商人希望得到和土地所有者一样的权利。所以，政府开始扩大选举权的覆盖范围：从有少量土地的人，到几乎没有土地的人，再到只有房屋的人——最后到所有公民，但还是不包括妇女（在美国，也不包括黑奴）。

渴望投票权

在欧洲和美国，有些女人（也有些男人），无法继续忍受女性没有投票权。她们开始用行动来表达不满：她们举行声势浩大的示威游行，甚至将自己用链子锁在公共场所的栏杆上。当她们被捕，甚至会绝食抗议。

媒体将她们称为"妇女参政论者"。

值得铭记的时刻

当1914年第一次世界大战爆发后，欧洲妇女开始承担新的角色，包括做以往"男人们做的工作"。最重要的是，这让男人们相信女人在公共事务中可以有发言权。1918年，英国议会给了部分女性选举权；然后到1928年，所有女性都获得了选举权。而在美国，1920年通过的"宪法第19条修正案"赋予了女性选举权。

她只是想表达自己的愤怒并非真的想死，因为她已经买好了返程的火车票。

警告
愤怒的女人！

今日选民

女权主义者被捕

英国一位名叫埃米琳·潘克赫斯特的女性，因将自己锁在国会大厦外的栏杆上而被捕。她是英国妇女参政权运动的代表人物之一。在美国，爱丽丝·保罗和露西·伯恩成立了全国妇女党。

历史小知识

1893年：新西兰女性获得选举权
1912年：女性参政运动的高潮
1914年：第一次世界大战开始
1918年：英国部分女性获得选举权
1918年：德国女性获得选举权
1920年：美国"宪法第19条修正案"通过
1944年：法国女性获得选举权

我们是
不会
动摇的！

83

通过植树造林，
走出经济大萧条

1932年，富兰克林·德拉诺·罗斯福当选为总统的时候，美国失业人数从两年前的500万攀升到了1300万。在这个世界上最富有的国家，大街上竟出现了成群的乞丐。

全世界的贸易都减缓了下来。经济大萧条开始了，它持续了近十年时间。在美国，工厂大量关闭，银行不断破产；经济学家认为问题在于民众担忧自己的工作朝不保夕，所以不会花钱买东西；工厂停止生产，因为仓库里塞满了滞销的商品；更多工人因此失业……如此恶性循环。

罗斯福首先采取的措施之一，就是让上银行短暂地"休假"，歇业整顿。

新政

罗斯福希望让民众回归工作……做任何事都可以。他的专家们（俗称智囊团）提出了"新政"。在实施新政的过程中，政府会给失业者提供工作机会，这样他们就会重新消费，重振经济……而且可以做很多有益的工作。

主角们

- 富兰克林·罗斯福
- 智囊团
- 年轻力壮的失业者
- 非常有用的树木

历史小知识

1929 年：经济大萧条开始

1932 年：富兰克林·罗斯福当选为总统

1933 年：民间资源保护队（CCC）成立

1936 年：富兰克林·罗斯福再次当选

1940 年：富兰克林·罗斯福第三次当选

1941 年：民间资源保护队（CCC）解散

警告
绿芽！

木材！！

各种新的"以工代赈"的机构参与监督这项工作。最成功的一个是"民间资源保护队"（Civilian Conservation Corps，简称CCC）。它招募了 250 万年轻人在荒芜之地种植了 2 亿棵树木。这些树能有效地防治水土流失（树根可以将土壤固定在一个地方），并且能产出有用的木材。

反对意见

并不是所有人都认同罗斯福的新政。有些人认为政府不应该去救济民众，而是应该让人们自食其力。毕竟这要花掉好大一笔钱，而现在的钱可并不富余。

85

泼洒颜料开创的现代艺术

几个世纪以来，绘画与现实中的事物看起来都相像。但是到大约1870年，画家们开始尝试抽象画——事情开始失控了……并且变得乱糟糟。

啪嗒！

随着 19 世纪摄影技术的普及，一些画家开始尝试用新的方法作画。19 世纪 70 年代，法国的印象派画家尝试捕捉光影效果。20 世纪初，立体主义画派开始画现实的物体——从各个不同的角度。同一时期，俄国画家卡西米尔·马列维奇开始画抽象画。这些画作表现的大多不是具体的实物。

立体主义画派之所以得名是因为在绘画中使用几何形状来表现物体的各个方面。

在美国

1913 年在纽约举办的"军械库艺术展"将现代艺术引进美国。美国的一些艺术家对欧洲的旧画风感

试一试

创作自己的现代艺术画

你需要准备什么
- 塑料膜
- 几张厚厚的纸
- 液态建筑用涂料或者广告颜料（各种颜色的）
- 宽容的父母
- 地毯清洁服务（如有需要）

1. 铺上塑料膜（保护地板）。
2. 将纸铺在上面。
3. 在纸上滴颜料或者让颜料随意流淌，自然形成图案。
4. 检查溅在地板上的颜料。
5. 打扫干净。
6. 给现代艺术博物馆打电话。

滴落！

无聊

有趣！

到很不自在，于是探索新的绘画方式，他们在此后的几十年间仍不断尝试。

各种风格变来变去，最值得关注的出现在 20 世纪 40 年代中期。画家杰克逊·波洛克开始使用"滴画法"作画。他将液态颜料滴在铺在地板上的画布上，然后在画布周围移动，泼洒颜料或者用木棒蘸取颜料滴在画布上，使图案自然形成，这种作画方式称作"行动绘画"。波洛克说，这样的作画方式可以让他专注于情感表达。批评者则说，那些滴画看上去跟孩子们弄的一样。

主角们
- 颜料
- 画布
- 疯狂的画家

波洛克的其中一幅滴画是世界上最贵的画作之一——它在拍卖会上卖出 1.4 亿美元！

名人录

杰克逊·波洛克
（1912 年—1956 年）

1949 年，《生活》杂志发表文章《杰克逊·波洛克：美国当今最伟大的画家？》时，杰克逊·波洛克已经因为他的滴画名满世界了。他的画深受纳瓦霍沙画和墨西哥壁画影响。他说，自己会先在心中想好画看上去是什么样子的，然后再开始作画。波洛克在 1950 年放弃了滴画法，并尝试其他风格，但是都没有如此成功。后来，他因醉驾发生车祸去世。

凭借袖珍计算器
实现登月

登月是一项了不起的创举——特别是当时宇宙飞船载人技术还不如大多数现代汽车的先进。

如果你有一个袖珍计算器，那你已经拥有了一个比整个阿波罗计划中的任何东西都更强大的电脑。NASA 的科学家有专门用于计算的电脑，但是他们也用传统方式做事情——用纸和笔做大量的演算。当时的挑战是向 38 万千米之外的月球发起载人登月任务，并降落在一个移动的目标上。没人知道这能否实现。能确定的是，这么做风险很大。宇航员会被固定在一个像巨型导弹的火箭里，而火箭内充满了易爆易燃的燃料。

NASA 指美国国家航空航天局。

1969

历史小知识

1957 年：	第一颗人造卫星发射成功
1961 年：	尤里·加加林，第一位进入太空的人
1961 年：	肯尼迪总统提出登月计划
1962 年：	双子星计划
1969 年：	阿波罗 11 号成功登月

警告
月球可能是
奶酪做的！

NASA 渴望成功。1961 年肯尼迪总统提出了太空战略，要在 10 年内将人送上月球。在同苏联的争霸中，太空竞赛可以证明美国的技术优势。

NASA 研发出了宇航服、太空餐——甚至太空厕所。最后他们将宇航员送上绕地轨道，然后送到地月轨道。火箭利用地球引力的"弹弓效应"将宇航员送上太空。

1969 年夏天，搭载阿波罗 11 号的土星 5 号火箭成功发射。在距离月球大约 110 千米的高空，登月舱从指令舱分离并开始下降。然而，当登月舱接近着陆点时，舱载电脑没法处理所有收到的信息。宇航员尼尔·阿姆斯特朗和巴兹·奥尔德林不得不手动操作。1969 年 7 月 20 日，人类首次登月成功。

主角们

- 聪明的科学家
- 勇敢的宇航员
- 登上月球的人类

太空项目中产生的发明有很多，比如无线耳机、无绳吸尘器、铝箔毯、条形码等等。

据说，他们仅待了 2 小时又 31 分钟！

勇往直前……

名人录

尼尔·阿姆斯特朗（1930 年—2012 年）

　　他是第一位登上月球的人。他曾是海军飞行员，后来成为加利福尼亚爱德华兹空军基地的试飞员，驾驶高速飞行的喷气式飞机。后来阿姆斯特朗加入 NASA，在成为阿波罗 11 号指令长之前，他还执行了双子星 8 号的任务。当踏上月球的表面时，阿姆斯特朗说出了那句名言："这是我的一小步，却是人类的一大步。"

从演员到总统

大多数总统都出身律师或者军官。1980年产生的第40任美国总统打破了这一常规——罗纳德·里根曾是一位演员。

嗯，他算挺有名的。虽然不是克拉克·盖博或者詹姆斯·卡格尼这样的大明星，但是在20世纪四五十年代，他出演了大约50部好莱坞电影。多数影片的质量都不怎么样（不是里根的问题——那个时代的好莱坞电影多数都不怎么样）。

很多美国人不认为一个演员能成为总统……尤其是里根，他的政治方向并不是十分明朗。他在加入共和党之前曾是民主党人，还是美国影视演员协会的主席。但是他靠着富有感染力的演讲引起关注，1966年，他被推举参加了加利福尼亚州州长选举。里根的主张简单明了，广受欢迎。他赢得了选举，并在此后8年担任州长。

主角们

- 罗纳德·里根
- 南希·里根
- 米哈伊尔·戈尔巴乔夫

历史小知识

1966年：里根胜选州长
1980年：里根当选美国总统
1984年：里根再次竞选连任
1989年：里根卸任美国总统

里根曾在美国传记电影中饰演橄榄球运动员乔治·吉佩，他因此获得了"吉佩儿"这个伴随一生的昵称。

里根承诺让"劳保无赖"去工作，并停止大学里的反战示威活动。

灯光！

摄像！

开始！

警告
这都是表演！

简单点！

　　1980 年竞选总统时，里根也保持一贯的简单风格。他的表演经历教会了他怎么和大众沟通。尽管他当时的对手是现任总统吉米·卡特，结果他还是胜出了。观察家们很是惊讶——但是他在 1984 年再次获胜，而且这次是以压倒性的优势胜出。

内政外交

　　在总统任期内，里根对内采取保守政策，奉行"里根经济学"，对外推行"以实力求和平"的强硬政策，与苏联抗衡，实施战略防御计划（星球大战计划）。这虽然让经济走出"滞胀"的困境，但也留下了巨大的隐患。

"里根经济学"

　　里根兼采供应学派和货币学派的主张，制定了一系列的经济政策，被人们称之为"里根经济学"。不过这个主张实施起来可不太顺利，还被许多人认为是"劫贫济富"计划。

主角们

- 蒂姆·伯纳斯 - 李
- 罗伯特·卡里奥
- 30 亿鼠标

（还在上升中）

鼠标连接世界

我们生活在"信息时代"——我们需要了解的大部分东西，都可以在电脑上点击几下就能获得（当然，现在更多时候可能是在手机上）。这都得感谢几位有远见卓识的人。

20 世纪 80 年代，办公电脑已经发展到数百万台了，家用电脑的数字也在上升。电脑用于文字编辑或计算，可以设计书籍甚至玩游戏。没有什么是电脑做不到的……除了相互交谈。信息传递还是靠邮寄或者传真。

有一个问题是电脑使用需要大量不同的程序；另一个问题是多数电脑并没有相互连接。后来出现一个系统，可以让美国军方组织内部和各个大学内部相互连接，这就是互联网。但是早期的互联网太复杂了，只有专家们才会使用。

他们讨论的内容可不是给你的朋友发个邮件安排哪天一起玩。

你还可以用手机打电话—但是早期它们大得像砖头（也重得像砖头）。

历史小知识

1990 年：伯纳斯 - 李开发出万维网（Web）
1993 年：第一个视窗浏览器
1994 年：万维网联盟成立

科学家的突破

欧洲核子研究中心（CERN）位于瑞士，是欧洲顶级科学家的集中地。其中一位科学家蒂姆·伯纳斯－李，想让信息分享变得更容易。于是他开发出了HTTP（超文本传输协议），这可以让电脑之间轻松交流。现在你不需要再编辑复杂的代码了。你只需要选中文字或者图片，然后点击就可以直接跳到另一个文件，即使文件在另外一台电脑上。

建立互联网

1990年，伯纳斯－李和罗伯特·卡里奥发明了万维网。

他们将不同电脑（就是"客户端"）连接到可以存储海量信息的"服务器"上，这样你的电脑就不需要存储大量的数据了。伯纳斯－李还发明了基于域名的地址系统和浏览器便于查找信息。1993年，伊利诺伊大学的一个团队发明了方便普通人使用的"视窗浏览器"。

1992年，世界上共有26台服务器。到2010年，仅谷歌公司就超过百万台。今天，全球网民的数量已经超过50亿，或许你也是其中的一个……

名人录

蒂姆·伯纳斯－李（1955年—）

1994年蒂姆·伯纳斯－李（他的朋友们都叫他蒂姆BL）为关注互联网成长在麻省理工学院创办了万维网联盟（W3C）。他还明确放弃了版权。他希望每个人都可以使用万维网，所以相关的软件也可以免费使用。

锁定主页！

在CERN建立的第一个网页是告诉浏览者怎么设置网页和浏览器的。这是有历史意义的一份文件——但是没人记得它长什么样！

专业词汇表

Barbarians：野蛮人。罗马人用来形容那些住在帝国边界之外的人。

Chivalry：骑士精神。中世纪勇士们奉行并在日常践行的精神。

Civil war：内战。同一国家的不同势力（或族群）之间发生的武装冲突。

Colony：殖民地。一个国家到海外或其他国家侵占并管辖的领地。

Crusade：十字军东征。罗马教皇号召的一系列宗教战争，前后延续了近两百年（1096年—1291年），以收复被伊斯兰教徒占领的土地的名义发动。因为每个出征的人胸前都佩戴基督教的象征十字架，故称"十字军"。

Cubism：立体主义。现代西方流行的一种艺术流派，形成于法国巴黎，以画家布拉克和毕加索为代表，开了抽象主义几何派的先河。

Democracy：民主制度。美国和西方的民主制度最早发源于古希腊城邦雅典，是所有男性公民都能参与的政治制度，到了近代发展为代议制民主，就是选举公民代表参与法律和大政方针的制定。

East Indies：东印度。1492年哥伦布到达中美洲的岛屿，误认为是印度，"西印度群岛"由此得名，相应的，亚洲的印度和马来群岛则被称为"东印度"。

Evolution：进化。生物学名词，因达尔文的"进化论"而闻名，指的是种群里的遗传性状（即基因表现）发生世代之间的变化。

Impressionist：印象画派。19世纪下半叶在法国兴起的画派，名称来自评论家对莫奈作品《日出·印象》的嘲讽。

Inflation：通货膨胀。纸币的发行量超过实际需要量，从而引起货币贬值、物价上涨的经济现象。

Lord：领主。西方封建社会中受封领地或采邑的封建主，享有领地内的行政司法权力及其他特权。

Middle Ages：中世纪。西方史学界的一个概念，始于476年西罗马帝国灭亡，终于1453年东罗马帝国的都城君士坦丁堡(今伊斯坦布尔)的陷落。

Moai：摩艾石像。位于复活节岛的一群巨型人像，遍布全岛。

Native American：美洲土著。南、北美洲所有原住民的总称，并非单指某一个民族或种族。

Monastery：修道院。天主教和正教教内致力于宗教修行的修士们生活的地方（convent，指修女们修行的女修道院）。

Mummy：木乃伊。在古埃及文化中较为流行，就是将去世的人体脱水、涂以香料，然后用层层绑带包裹起来。

Nomad：游牧民。没有固定的居所，随着季节变化不停迁移。

Oracle：神谕者。传递神谕之人。

Pharaoh：法老。古埃及的统治者。

Pilgrimage：朝圣。前往宗教圣地朝拜的旅程，通常会在圣地祈祷或做礼拜。

Priest：祭司。专职掌管祭神或祀祖仪式的人。

Pyramid：金字塔。通常指一种方锥形建筑物，有着正方形的基座，四面向上、面积依次递减直至形成尖顶。

Quipu：奇普。美洲印加人用来结绳记事的方法。

Reformation：宗教改革。16世纪-17世纪欧洲教会出现的自上而下的改革运动，代表人物包括马丁·路德、约翰·加尔文等。

Renaissance：文艺复兴。14世纪-16世纪欧洲新兴资产阶级发起的思想文化运动。

Revolution：革命。政治上的革命通常伴随着暴力。

Sacrifice：牺牲，祭品。献给神的礼物，通常是珍贵的食物、珠宝、牲畜。

Suffrage：选举权。民主制度下的公民的基本政治权利之一。

The Great Depression：大萧条。特指20世纪二三十年代美国和西方发生的经济大危机。

Tithe：什一税。欧洲教会向信徒征收的一种捐税，其名称来源于《圣经》中"农牧产品的十分之一属于上帝"的说法。

Ziggurat：塔庙。一种外形像金字塔的阶梯形建筑，又称为阶梯式金字塔。

译名对照表

American Civil War	美国南北战争
American Revolutionary War	美国独立战争
Apollo program	阿波罗计划
Armstrong, Neil	尼尔·阿姆斯特朗
Aztec	阿兹特克人
Beecher Stowe, Harriet	哈里特·比彻·斯托
Berners-Lee, Tim	蒂姆·伯纳斯－李
Black Death	黑死病
Caligula	卡利古拉
Columbus, Christopher	克里斯托弗·哥伦布
Conquistadors	征服者
Cortés, Hernán	埃尔南·科尔特斯
Croesus	克洛伊索斯
Darwin, Charles	查尔斯·达尔文
Easter Island	复活节岛
Egypt	（古）埃及
Eleanor of Aquitaine	阿基坦的埃莉诺
England	英格兰
feudal system	封建制度
French Revolution	法国大革命
Great Depression	经济大萧条
Greece	（古）希腊
Haig, Douglas	道格拉斯·黑格
Hemings, Sally	萨利·海明斯
Henry II	亨利二世
Inca	印加

* 此书中插附地图系原文插附地图